~~101, 122~~ 70, 71
S. 114   134 (72, 73)   196, 197
199
34, 53

Eintönigkeit + Schnelligkeit 114

Die Bepflanzung muß der
Belassung vorausgehen 107

Brennende Polyhormone-
Zusammensetzung 100    199, 140

Begriff "andauernde Pflege"
suggeriert falsche Sterilität 101

\* Hollunder 107 und sein
Wirken auf Sauberkeit 167

Hecken Pflege (weil 1 Reihe)
198

Louis G. Le Roy

# Natur ausschalten Natur einschalten

Klett-Cotta

Aus dem Niederländischen übersetzt von Helga Steinmetz-Schünemann
Die Originalausgabe erschien unter dem Titel
»Natuur uitschakelen – natuur inschakelen«
© 1973 Uitgeverij Ankh-Hermes bv – Deventer

CIP-Kurztitelaufnahme der Deutschen Bibliothek

**Roy, Louis G. Le:**
Natur ausschalten, Natur einschalten / Louis G. Le Roy.
[Aus d. Niederländ. übers. von Helga Steinmetz-Schünemann].
2. Aufl. – Stuttgart: Klett-Cotta, 1983.
Einheitssacht.: Natuur uitschakelen – natuur inschakelen ⟨dt.⟩
ISBN 3-608-93059-0

Zweite Auflage 1983
Über alle Rechte der deutschen Ausgabe verfügt die
Verlagsgemeinschaft Ernst Klett – J. G. Cotta'sche Buchhandlung
Nachfolger GmbH, Stuttgart
Printed in Germany 1983
Abbildungen: Louis G. Le Roy
Umschlag: Hitz und Mahn, Stuttgart
Gesamtherstellung: Ernst Klett, Stuttgart

# Vorwort

Die stolze Familie, die ihr neues Eigenheim bezieht, legt größten Wert auf die Gestaltung und Pflege ihres Gartens. Öffentliche Körperschaften, Hochschulen und Konzerne schmücken ihre neuen Verwaltungs- und Institutionsgebäude selbstverständlich mit sorgfältig konstruiertem und instand gehaltenem »Grün am Bau«. Und schließlich ist auch der Rat jeder Stadt darauf bedacht, seinen Wählern möglichst viel wohlgeordnetes, gepflegtes und erschlossenes Grün zu bieten. Wir alle, vom Privatmann bis zur politischen Instanz, übertragen dabei ganz selbstverständlich die Prinzipien der technisierten Architektur auf den Gartenbau: Standardisierung der Elemente, Minimierung der Bauzeit und Steigerung der Mechanisierung. Und dahinter stehen die ruhelosen Triebkräfte unseres gesellschaftlichen Lebens: Profitinteressen und gesteuerte ästhetische Bedürfnisse.

Ein einfacher Abklatsch der Verhältnisse in der Bauwirtschaft ist denn auch das engmaschige System von Institutionen und Interessen, welches die Produktion und Pflege von Grün gewährleistet: Gartenarchitekten, Gartenbaufirmen, staatliche Planungsinstitutionen, Produzenten von Gartengeräten, Dünger und Pflanzenschutzmitteln und schließlich eine Hochschulwissenschaft, die versucht, die Natur in technische und ästhetische Backformen zu pressen.

Grün ist in unseren zivilisierten Städten nicht mehr die normale Farbe der Erdoberfläche, die nicht nur nichts kostet, sondern sogar das einzig produktive Element aller biologischen Systeme ist – Grün ist hier vielmehr ein teures Produkt: nur wer es bezahlen kann, schmückt sich damit, wie jeder Stadtplan zeigt. Zur Zeit kostet die Planung und Ausführung einer nicht aufwendigen Grünanlage 10 bis 20 DM pro Quadratmeter und ihr Unterhalt 10 % dieser Erstinvestition in jedem folgenden Jahr.

Der Warencharakter der Natur hat hier ihre ökologische Qualität »ausgeschaltet«, wie uns Louis Le Roy im vorliegenden Buch sagt. Aber die Faszination dieses Buches (und dieses

»Grün am Bau« an der Universität Bochum: Hier triumphiert der geradlinig denkende Mensch.

Mannes) liegt darin, daß es (er) eben nicht eine mehr oder weniger stimmige gesellschaftlich-ökologische Theorie anbietet. Hier spricht auch nicht ein Mann, der versucht, »Theorie mit Praxis zu verbinden«, sondern einer, für den diese Trennung nie existiert hat. Wenn er von sparsamem Umgang mit Energie redet, dann ist klar, daß er selbst alle täglichen Wege mit dem Fahrrad zurücklegt. Und anders herum: Wenn er mit der Verwaltung einer niederländischen Stadt über seine Mitarbeit an der Gestaltung einer öffentlichen Grünfläche verhandelt, so wird er mit den Beamten und beteiligten Bürgern nicht nur über Wegeführung und Pappeln und Platanen sprechen, sondern auch über seine prinzipielle Einsicht, daß der Mensch ein Mischprodukt der Natur und der Kultur sei, und darüber, daß sich alle Natur- und Kulturformen in stetem Wandel befinden, den aufzuhalten zu versuchen tödlich sein kann.

Und auch da ist er konsequent: Sein Haus ist nicht fertig (es wächst und entwickelt sich innen und außen), seine Gärten werden nie fertig (er gibt der Natur immer neue Chancen und baut gelegentlich wieder eine lose Mauer aus Bauschutt), seine Gedanken beanspruchen keine Endgültigkeit (er möchte sich und anderen eine Chance geben, sie zu verändern und darauf aufzubauen) und auch dieses Buch ist nicht fertig (wir sind aufgefordert, mit Kopf und Hand modifizierend daran weiterzuarbeiten, und er selbst verändert es und entwickelt es fort in einer Serie von Veröffentlichungen in der niederländischen Architekten-Zeitschrift »plan«*).

Ein unfertiges Buch also, ein »unordentliches« und »unwissenschaftliches« sogar – also ein lesenswertes! Ich habe Le Roy einmal gesagt, daß ein deutscher Wissenschaftler sich nicht trauen dürfe, soviel unbewiesene Behauptungen aufzustellen. Er meinte, da müsse wohl erst so ein engagierter Niederländer kommen. – Kann schon sein.

Universität Essen  
im Juni 1977  *Peter Kramer*

---

\* *Beiträge Le Roys in »plan«: Jahrgänge 1971 (Heft 7), 1973 (Heft 7), 1974 (Heft 2), 1975 (Heft 4) und 1977 (Heft 1).*

Wünsche in Wort und Bild auf den Betonmauern der Bochumer Universität. Die Nutzer fordern, was hier nicht mehr zu finden ist. Offenbar möchten sie auch gerne ihre Umwelt aktiv mitgestalten. Die Vorstellungen der Planer und Garten- und Landschaftsarchitekten passen hier jedenfalls nicht zu den Wünschen der Menschen, die dann in der vorgegebenen Umwelt leben.

*Hendrik Uittien und Ernst Bing
in dankbarer Erinnerung*

Ich bin unfähig, in
einer Welt zu leben, die
die Natur zerstört hat.

*François Mauriac*

# Ausgangspunkte

1. Der Mensch ist das Produkt von Kultur und Natur.
2. Monokultur, in welcher Form auch immer, ist eine Herausforderung an die Natur und wird als solche von ihr heftig bekämpft.
3. Die historische Entwicklung in Natur- und Kulturformen muß als Kontinuität aufgefaßt und die Unterbrechung dieses Zusammenhanges in Raum und Zeit kann als Katastrophe angesehen werden.
4. Arbeit mit der Vegetation muß so ausgerichtet sein, daß sie den Tendenzen der Natur entspricht und diese stimuliert (Klimax-Bildung).
5. Zwischen Stadt und Land kann mit Hilfe von Wäldern eine Übergangsform geschaffen werden (Milieuverbesserung).
6. Die Stadt muß die Funktion einer Oase erfüllen (Kontrast).
7. Die Entwicklung auf dem Gebiet der Erholungszentren ist insofern falsch zu nennen, als der Mensch selbst hier nicht genug einbezogen *(homo ludens)* und die Anlage auf ökonomischer Basis nicht ganz abgeschafft (auf ein Minimum beschränkt) wird.
8. Der Milieuverschmutzung, falls nicht durch Industrie oder Ackerbau verursacht, kann Einhalt geboten werden.
9. Insekten dürfen nicht immer als Feinde angesehen werden. Umfassendere Aufklärung, gerichtet auf das Verständnis der Totalität der Lebensformen (Ökologie), ist sehr wünschenswert.
10. Man benutze Insektizide nur, wenn unumgänglich, und beschränke sie auf ein Minimum – Anwendung durch Laien muß verboten (auf die am wenigsten schädlichen Sorten beschränkt) werden.
11. Süßwasser muß so lange wie möglich dem Land erhalten bleiben.
12. Bodenbearbeitung muß auf ein Minimum beschränkt werden.

Der Titel dieses Buches ist weitgehend von einer bestimmten Einstellung der Natur gegenüber geprägt.

Dabei ist bewußt jede verehrende Haltung beiseite gelassen worden, und die beiden Verben (ausschalten, einschalten), die eher eine Handlung bei der Inbetriebnahme einer Fabrik bezeichnen, drücken deutlich aus, worum es hier geht: um die Natur als Betrieb, als mechanisches Objekt, und um den Menschen als Handelnden in diesem Betrieb, mit dem er organisch verbunden ist.

Führen wir diesen Betrieb richtig? Akzeptieren wir unzweideutig die Position, in die wir in bezug auf diese Natur gestellt sind, oder versuchen wir, uns die Natur gefügig zu machen? Könnten wir eine Organisationsform für das menschliche Zusammenleben entwerfen, die es uns erlaubt, mit der Natur im Einklang zu bleiben?

Oder scheint es uns besser, aus welchem Grunde auch immer, auf den Ausgangspunkten zu beharren, von denen aus wir augenblicklich operieren?

Werden wir endlich erkennen, daß das Herauspumpen des Süßwassers aus unserem Land, um trockene Füße zu behalten, gleichsam zu einer Zwangshandlung geworden ist, die sich aus menschlichen Eingriffen in der Vergangenheit – als man die Natur noch als unerschöpfliche Vorratskammer ansah – entwickelte? Der Herr sorgt schon für die Seinen! Wir pumpen einfach immer weiter, was immer höhere Investierungen erfordert. Es besteht Mangel an Süßwasser, und wenn dieses einmal in die See gepumpt worden ist, ist es unvorstellbar kostspielig, aus dem Salzwasser wieder Süßwasser zu machen. Ist das, was wir tun, die einzige Lösung?

Wenn fast alle entstehenden Probleme auf Fragen zurückzuführen sind, die den Energie- und Grundstoffverbrauch betreffen, wäre dann eine Umstrukturierung unserer Gesellschaft auf der Basis dessen, was wir jetzt noch wirklich besitzen, nicht von eminenter Bedeutung?

Gehen wir nicht möglicherweise mit den Versprechungen, daß wirklich, wenn die Not am höchsten ist, schon wieder eine Lösung gefunden werden wird (daß es bis heute immer gut ging, können wir nicht leugnen), zu sehr um wie mit feststehenden Tatsachen? Wär' es nicht besser, hier Zurückhaltung zu üben?

*Abb. 1*

*Abb. 1* Betrachten wir unsere Umgebung mehr aus ökologischer Perspektive, dann wird sich unsere Haltung hinsichtlich des Energieverbrauchs gründlich ändern müssen. Die heutige Generation verfügt allzu leicht über Maschinen, die alle hergestellt werden, um unsere Arbeit zu erleichtern. Die Kulturen, die unserer technokratischen Gesellschaft vorausgingen, verfügten meist nur über Muskelkraft.

Wenn wir nach einem minimalen Arbeitsaufwand sowohl im Garten als auf dem Lande streben, dann werden wir das Terrain so weit wie möglich in dem Zustand akzeptieren müssen, in dem es sich in einem bestimmten Augenblick befindet.

Wir werden die Benutzung von Werkzeugen auf Spaten, Säge und Gartenschere beschränken. Auch das Versetzen von Erde muß beschränkt werden (keine Schubkarre). Nur wenn das Terrain vollkommen flach ist, wird durch Ausgraben von Erde oder Aufschütten anderen Materials diese unnatürliche Situation verändert werden müssen.

Die Teile des Terrains, auf denen wir zu laufen oder zu fahren (Auto) gezwungen sind, werden in vernünftiger Weise geebnet werden müssen.

*Abb. 2* Ist auf dem Terrain (Garten oder Weideland) schon Bepflanzung vorhanden, dann kann diese als Ausgangspunkt dienen; also keine sinnlose Bodenarbeit in Form von Umbrechen, Pflügen, Umgraben usw. Wir lassen die vorhandene Grasvegetation einfach weiterwachsen (einige Jahre lang – niemals mähen, abbrennen oder beweiden). Dadurch wird der Boden mit einer Humusschicht abgedeckt werden. In dem gesamten natürlichen Prozeß nimmt die Humusbildung eine Schlüsselposition ein (s. auch S. 80).

*Abb. 2*

Wir verbrauchen heute nämlich großzügig drauf los, in der festen Überzeugung, daß unbegrenzt Energie vorhanden sein wird. Von der Energie hängt schließlich unsere Existenz ab. – Hier soll nun eine andere Überzeugung vorgetragen werden, die aus vielfältigem und intensivem aktivem Kontakt mit Pflanzen und Erde entstanden und gewachsen ist. Ich äußere meine Meinung nicht, um zahllose neue Daten auf den Leser abzufeuern, sondern aus dem Bedürfnis nach einer gewissen Integration bestehender Daten, die man in unserer heutigen gesellschaftlichen Organisationsform oft nicht mehr als bestimmend für den Verlauf der Entwicklung meint akzeptieren zu können.

*Wenn in der folgenden Darlegung der Garten zur Veranschauli-*

*chung herangezogen wird, so soll damit doch nicht der Eindruck geweckt werden, hier werde nur für Gärtner geschrieben.*

Beispiele aus der Welt von Haus, Garten und Landschaft werden nur angeführt, um zu verhindern, daß das Buch einen zu theoretischen Charakter annimmt.

Als biologische Einheit bleibt der Mensch von der Natur abhängig, weil er für seine Ernährung auf pflanzliche oder tierische Nahrung als Energiequelle angewiesen bleibt.

Die Organisation menschlichen Zusammenlebens in ihrem Verhältnis zur Natur kann hauptsächlich auf drei Arten realisiert werden.

*a. Eine Gruppe von Menschen wird irgendwo seßhaft.*

In diesem Falle wird die direkte Umgebung so ausgebeutet, daß ein Gleichgewichtszustand zwischen den Lebensbedürfnissen der Gruppe (Konsum) und den Lieferungsmöglichkeiten der natürlichen Quellen (Produktion) entsteht. Um auf die Dauer an einem Ort bleiben und arbeiten zu können, ist es notwendig, diesen Gleichgewichtszustand zu erhalten.

Es ist eine absolut notwendige Voraussetzung für den Bestand einer solchen Kultur, daß von der Energie, die vom Menschen verbraucht wird, so wenig wie möglich verlorengeht.

In einer solchen Situation wird der Arbeitsaufwand auf die Produktion zur Befriedigung primärer Lebensbedürfnisse (Nahrung und Baumaterialien) gerichtet sein. Die Gebiete, auf denen Nahrung erzeugt und Baumaterial hergestellt wird, müssen in möglichst kurzer Entfernung vom Wohngebiet der Gemeinschaft liegen. So geht am wenigsten Energie für den Transport der Nahrungsmittel verloren. Die Art der Nahrungserzeugung muß so weit wie möglich mit den Prinzipien übereinstimmen, die für das Entstehen natürlicher Vegetationen in diesem Gebiet gelten. Dadurch wird die Höhe des Energieverlustes auf ein Minimum beschränkt (z. B. Tsembaga-Kultur auf Neuguinea, darüber später mehr).

Bei dieser Kulturform besteht ein enger Kontakt zwischen Mensch und Natur. Auf das Streben nach einer »höheren« Form der Kultur wird verzichtet, wenn dieses Streben auf Kosten der Möglichkeiten gehen würde, die »primitive« Kultur fortzusetzen.

*Abb. 3* Kühe fressen nicht alle Pflanzen, die auf der Weide wachsen: *unerwünschte Arten bleiben stehen!* Am Ende können gerade diese Pflanzen überhand nehmen (Löwenzahn – *Taraxacum officinale*, und Disteln – *Cirsium*).

Infolge der selektierenden Arbeit der Kuh entsteht ein charakteristisches Pflanzenkleid (biotische Klimax-Vegetation).

Im Garten ist die menschliche Arbeit verantwortlich für die Entstehung einer künstlichen Pflanzengemeinschaft: *Der Mensch entfernt unerwünschte Pflanzen!*

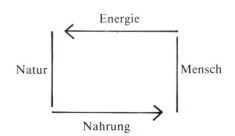

*Abb. 4* Der Mensch geht auf den Gebieten, auf denen er seine Nahrung anbaut, fast immer auf die Bildung von Monokulturen über. So ist z. B. beim Weinbau die Weinrebe *(Vitis)* das einzig zugelassene Gewächs.
Für den Menschen (s. Mann und Pferd am Horizont) ist die Arbeit in Gebieten, die vollkommen von Monokulturen beherrscht werden, wenig stimulierend.

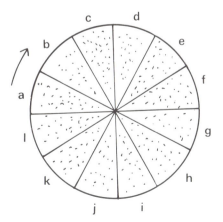

*b. Die Gruppe wird nicht seßhaft, sondern führt ein Wanderleben.*

Bei dieser Lebensform wird die direkte Umgebung vor allem für Nahrung und nur in geringerem Maße für Baumaterialien in Anspruch genommen.

Zur Erlangung der notwendigen Nahrung – man vergleiche hierzu die Zeichnung – wird ein bestimmtes Stück Boden (a) so bearbeitet (Brandkulturen), daß dieses Bedürfnis einige Jahre lang befriedigt werden kann. Ist der Sektor a erschöpft, dann macht man nach dem gleichen System den Sektor b urbar und läßt a liegen, so daß die Natur sich dort regenerieren kann. Geht man so nacheinander auf b, c, d, e usw. zu Werke, dann kommt man nach zwölf Phasen zu a zurück.

Eine Vegetation, die eine vollkommene Klimax erreicht hat, wird sich aber, wenn sie – aus welchen Gründen auch immer – vernichtet wird, so gut wie niemals vollständig regenerieren!

In dem hier angenommenen Fall wird also nach einer Regenerationsperiode von zwölfmal einem Jahr auf a wohl wieder eine Vegetation entstanden sein, aber diese ist der ersten nicht mehr absolut gleichwertig (essentielle Nährstoffe, z. B. Kalk, verschwinden aus dem Boden). Im Vergleich zum ersten zeigt sich beim zweiten Vegetationskleid also eine Degradation.

Es ist sehr gut denkbar, daß bei ständigem Zurückkommen nach Jahren dieses erste Gebiet so degradiert ist, daß keine Vegetation mehr entstehen kann.

In den Jahren, die darauf folgen, wird so immer ein anschließendes Gebiet für die Nahrungsproduktion unbrauchbar werden. Nach zwölf Zyklen ist das gesamte Gebiet völlig degradiert, und der Volksstamm wird ein neues, angrenzendes Gebiet auf dieselbe Weise urbar machen müssen.

Düngungsmethoden können einen derartigen Prozeß wohl verzögern, aber Degradation ist dennoch unvermeidlich.

Degradationsprozesse verlaufen sehr langsam, und erst nach sehr langer Zeit sind die Folgen zu bemerken, oft erst nach vielen Generationen! Das Tragische ist, daß dieser Verlauf meist irreversibel ist. Der Weg zurück ist nicht mehr möglich!

Nicht umkehrbare Prozesse sind auch all diejenigen Prozesse, bei denen natürliche Grundstoffe durch menschliche Arbeit

bleibend verändert werden: Tonerde – Backstein; Lehm – Steingut; Sand – Glas.
Irreversibel ist auch die Degradation, die durch Umsetzung von natürlichen Brennstoffen in Energie entsteht (Wärmeverlust).

*c. Dauerhafte Niederlassungen großer Bevölkerungskonzentrationen, die ihre eigene Nahrung nicht mehr produzieren und die auf Energiezufuhr (Öl, Kohle, Gas) von außen angewiesen sind.*
In den städtischen Ballungsgebieten entsteht eine Lebensform, in der der Mensch sich kaum mehr der notwendigen Verbindung mit der Natur (Nahrungsquelle, also Energiereservoir) bewußt sein kann.
Eine solche Wohnkonzentration kann nur durch Nahrungsimport erhalten werden, wobei dieser Nahrungsimport die Aus-

Der Begriff *Mikroklima*
Wenn der Mensch über das Klima spricht, dann stehen ihm viele Namen zur Verfügung, um anzugeben, welches Klima er eigentlich meint.
Die Begriffe Landklima, Seeklima, Wohnklima und Lebensklima sind allgemein bekannt.
Der Begriff Mikroklima wird viel weniger häufig gebraucht, obwohl *jede Form von Leben gerade stark vom Bestehen guter mikroklimatischer Situationen abhängig ist.*
Der Mensch bekleidet sich, weil er sich gegen das ihn umgebende Makroklima schützen will; mit Hilfe von Kleidung schafft er eine Zone, die sich durch eine Art Übergangsklima kennzeichnet. Die Temperatur in dieser Zone bildet nämlich einen Übergang zwischen der Körpertemperatur des Menschen und der seiner Umgebung. Das Mikroklima funktioniert als Pufferzone.

*Abb. 5* Wenn im Garten die natürliche Reliefbildung (Bildung von Mikroklimaten) zu langsam fortschreitet, dann kann diese durch Hinzufügung von Materialien von außen (Steine, Schutt, Baumstämme, Baumstümpfe usw.) bewußt stimuliert werden. Legt man Steine zwischen die abgefallenen Blätter und Pflanzenreste, dann wirkt sich das günstig auf den Umsetzungsprozeß aus (höhere Temperaturen, besserer Feuchtigkeitszustand, Unterschlupf für u. a. Schnecken, Tausendfüßler, Eidechsen und Käfer).
Da sich auf all diesen hinzugefügten Materialien fast immer Moos bildet, wird die Zahl der Pflanzensorten im Garten auf natürliche Weise vergrößert. Dadurch suchen wiederum mehr Insekten den Garten auf (Vergrößerung der Vielfalt).
Die Steine, die in den Garten gebracht werden, geben obendrein dem

Besucher die Gelegenheit, sich zwischen der Bepflanzung zu bewegen, ohne dabei den Boden betreten zu müssen. Es ist besser für die Erhaltung einer guten Bodenstruktur, daß die oberste Schicht des Bodens so wenig wie möglich zusammengedrückt wird.

*Abb. 6* Hier wird auf zweierlei Art in natürlicher Weise (ohne die Mitwirkung des Menschen) das Terrain zugunsten des Entstehens von Mikroklimaten verändert.
*Erstens* sind die Maulwürfe im Boden dabei, Winterwohnungen anzulegen (nicht zu verwechseln mit gewöhnlichen Maulwurfshügeln). Infolge ihrer Aktivität entstehen überall im Terrain Erhöhungen mit einer durchschnittlichen Höhe von 70–80 cm. Die Oberfläche dieser Hügel ist manchmal so groß, daß vier oder fünf Menschen zugleich darauf stehen können! Die ständige Aktivität des Maulwurfs im Boden garantiert eine bessere Luftzufuhr. Die größte Erhöhung (s. Abb. Mitte) ist solch ein Winterbau; er ist das Resultat ungestörter Aktivität von Maulwürfen während einer Periode von ungefähr vier bis fünf Jahren. Die maximale Größe ist noch nicht erreicht.
*Zweitens* wird die Reliefbildung auf dem Terrain durch den ungestörten Verlauf des Pflanzenwuchses begünstigt. Die Zahl der Erhöhungen, die durch die Aktivität der Maulwürfe an dieser Stelle entstanden sind, wird vergrößert durch absterbende Grasarten (u. a. Wiesen-Knäuelgras – *Dactylis glomerata,* s. Vordergrund der Abb.), die ihrerseits Erhöhungen entstehen lassen. Das endgültige Resultat dieser Veränderung der Bodenoberfläche besteht darin, daß größere Unterschiede im Feuchtigkeitsgrad entstehen. Höher gelegene Gebiete beutung von Produktionsgebieten einschließt, die weit entfernt liegen.

Der Zwang zur Fortsetzung dieser Lebensform bewirkt notwendigerweise, daß der Mensch in dieser Situation, in der die Produktionsgebiete bis in weite Entfernung in keiner Hinsicht mehr der großen Nachfrage entsprechen können (explosive Entwicklungen), den Abstand zwischen Konsument und Produzent ständig vergrößert.

Nahrungsmitteltransport über große Entfernungen hinweg für nur primäre Lebensbedürfnisse verursacht jedoch schon großen Energieverlust.

Diese Wohnkonzentrationen befinden sich in einer ständig bedrohten Situation, einerseits durch die Notwendigkeit der Fortsetzung der gewählten Kulturform, andererseits durch ihre große Abhängigkeit von Energiezufuhr von anderswo.

Fairfield Osborn widmet sein Buch »allen, die an morgen denken«; in den Jahren nach dem Erscheinen seines Werkes (1950) ist allerdings wenig geschehen, woraus man schließen könnte, daß das Denken der Menschheit als Ganzes durch seine warnenden Worte günstig beeinflußt worden wäre.

So ist es denn wahrscheinlich auch wenig sinnvoll, Aussagen von ihm und ihm verwandten Autoren nochmals zu Papier zu bringen, da dadurch die bestehende Literatur, die jetzt schon den Umfang einer gut ausgestatteten Bibliothek erreicht hat, nur noch vermehrt würde.

Mahnende und warnende Autoren werden nun einmal nicht zur Gruppe der beliebtesten Schriftsteller gerechnet, und je mehr sich die Umstände in einer Richtung weiterentwickeln, die sie dazu anregt, die Glocke immer lauter zu läuten, desto energischer werden sie vom Lesepublikum zu Pessimisten gestempelt.

Osborns warnende Worte sollen die Entwicklungen in der Gesellschaft aufzeigen, die für den Kontaktverlust zwischen dem Menschen und seiner Umgebung verantwortlich sind. Die Entwicklung der menschlichen Kultur ist so ausgerichtet, daß der Mensch nur noch in einem Kulturmilieu weiterbestehen wird, mit anderen Worten, der Mensch wird den Kontakt mit der Natur schließlich ganz verlieren.

Warnen allein hat offenbar keinen Sinn, wenn man dabei keinen, wenn auch noch so geringfügigen, Vorschlag macht, der zu irgendeiner Verbesserung der heutigen Situation führen kann.

Im allgemeinen sucht man zwar nach einer Verbesserung der heutigen Kultursituation; allerdings immer so, daß die herrschende Entwicklung der technokratischen Gesellschaft in keiner Weise gehindert wird.

Technokraten behaupten, daß an ein An- oder selbst nur Aufhalten der in Gang gesetzten gesellschaftlichen Entwicklungen nun einmal nicht zu denken sei, auch wenn sich Stimmen erheben (z. B. D. H. Wester und J. W. Tesch), nach denen eine Veränderung der Mentalität die einzige Möglichkeit dazu ist. Unsere heutige Gesellschaft befindet sich jedoch in einer ökonomischen Situation, die an der Monokultur orientiert ist und damit dem natürlichen System diametral gegenübersteht.

werden trockener und erhalten dadurch eine andere charakteristische Vegetation.

Die Antwort der Natur auf eine Bereicherung des Bodenreliefs ist eine größere Vielfalt im Pflanzenwuchs. Diese Vielfalt ist ihrerseits ein Stimulans für das Auftreten von Tieren verschiedener Arten. Als Folge davon entstehen aufs neue Veränderungen der Situation (Zufuhr von Samen).

*Abb. 7* (S. 16f.) Die meisten Aktivitäten von Mensch und Tier bewirken Degradation.

Im Grunde sind wir dabei, den Menschen aus dem Produktionssystem auszuschalten. Der natürliche Energieaufwand des Menschen wird immer mehr durch mechanisierte Arbeitsprozesse ersetzt. Es ist zu bezweifeln, daß die ausgeschalteten Arbeiter immer in neu zu schaffenden Betrieben aufgenommen werden können.

Die weitreichenden Entwicklungen auf technischem Gebiet sind für große Veränderungen im Milieu bestimmend gewesen. Wir können feststellen, daß diese Beeinflussung des Milieus sich sowohl in günstigem wie in ungünstigem Sinn vollziehen kann. Angesichts der ständigen Ausbreitung industrieller Zentren liegt die Vermehrung Milieu verschlechternder Faktoren auf der Hand.

Der Teil des Milieus, dem der Mensch sich noch zuwenden kann, ohne daß ökonomische Motive zugrunde liegen, ist der Garten.

Der Garten, in größerem Zusammenhang die städtischen Grünanlagen, sind noch eines der Gebiete, wo der Mensch als Individuum in Kontakt mit den natürlichen Elementen kommen kann, die ursprünglich seine Gebundenheit an die Natur bestimmt haben.

Wie klein oder wie groß dieses Gebiet ist, tut kaum etwas zur Sache. Es werden sich immer genügend Elemente finden lassen, durch die sich eine Relation zwischen Mensch und Natur entwickeln kann.

Im Garten – in den städtischen Grünanlagen – besteht die Möglichkeit, diese Wiederherstellung einer Relation auf der Basis dessen zu verwirklichen, was von Huizinga einmal als die Idee vom *homo ludens* formuliert worden ist, vom spielenden Menschen. Alte Kulturen sind oft auf diese Weise gewachsen. In der Kultur des Mittelalters war der Mensch sehr intensiv am Entstehen der reich detaillierten und komplexen Bauformen in den Städten beteiligt, nämlich durch die Integration von Gesellenstücken und Meisterarbeiten großer Gruppen der Bevölkerung.

Diese Beteiligung ist nicht immer auf freiwilliger Basis entstanden; man muß durchaus annehmen, daß auch ein gewisser Zwang eine Rolle dabei gespielt hat.

Die Organisationsform, die diesen Zwang ausübte, war jedoch so strukturiert, daß die Teilnahme beinahe eines jeden nötig war, um das gesetzte Ziel zu erreichen.

Die technokratische Organisationsform des 20. und vielleicht des 21. Jahrhunderts ist auf Produktionssysteme ausgerichtet, an denen der Mensch selbst nur noch so wenig wie möglich aktiv teilnimmt. Und wenn er es noch tut, dann funktioniert er oft als Bestandteil eines Fließband-Systems. Das ist keine günstige Voraussetzung dafür, wieder eine Kulturform auf der Basis von Huizingas Gedanken zu schaffen. Obwohl der Mensch über mehr freie Zeit verfügt, ist offenbar mehr als nur ihm zur Verfügung gestellte freie Zeit nötig, um ihn aktiv werden zu lassen.

Die menschlichen Aktivitäten müssen nämlich immer gebündelt und motiviert werden.

Nun liegt eine durch das Milieu bedingte Motivierung heute nahe, weil die Menschheit gerade von hier aus direkt bedroht ist.

Da bei der »Arbeit im Garten« in jedem Falle immer von einem aktiven Kontakt mit der Natur die Rede sein wird, und da auch im Garten zuerst die unmittelbarsten Bedrohungen unseres Milieus erforscht und bekämpft werden können, liegt es auf der Hand, der Form unserer Grünbestände unsere Aufmerksamkeit zuzuwenden. Die nachteiligen Milieufaktoren, die unsere Städte unbewohnbar zu machen drohen, sind eine Herausforderung, auf die schnell eine Antwort gegeben werden muß.

Der Garten wird hier also als ein Stück Milieu gesehen, das vom Menschen noch vollkommen in Übereinstimmung mit dem natürlichen Prozeß gestaltet werden kann.

(Außerdem kann der Garten im Sinne des Begriffs »Mikroklima« betrachtet werden.)

Alle anderen Betrachtungsweisen kommen erst an zweiter Stelle, auch wenn die Möglichkeit bestehenbleibt, daß man die ganze Anlage des Gartens noch ästhetisch erleben kann, daß Spielmöglichkeiten für Kinder darin verarbeitet werden, daß man Früchte und Blumen pflücken kann, daß fast paradiesische Situationen entstehen können, was alles auch dann wahr sein wird, wenn die Arbeit auf ein Minimum beschränkt wird. Und gerade letzteres ist von eminenter Bedeutung, da jede Verminderung des Energieverbrauchs einen direkten Zurückgang der Milieuverunreinigung zur Folge hat.

Beschränkung des Arbeitsaufwandes auf ein als vernünftig angesehenes Minimum wird dann möglich sein, wenn die Anlage des Gartens so weit wie möglich einem Vegetationsmuster nahekommt, das für dieses Stück Boden gelten würde, wenn die Natur ihren Lauf nehmen dürfte.
Einem solchen Gang der Entwicklung steht jedoch eine Anzahl festgefügter Auffassungen entscheidend im Wege. Auffassungen, die zum Teil durch die Organisationsform der Gesellschaft bestimmt werden, in der wir heute leben.
Auffassungen über Ordnung und Ordentlichkeit, über Blumenmeere und grüne Wiesen, über Bodenbearbeitung, über Gartenpläne und Gartenarbeiten im allgemeinen sind oft Anlaß gewesen zur Beschreibung von entweder karikaturistischen Situationen (Karel Čapek, Beverley Nichols) oder ideellen Betrachtungsweisen (P. Verhagen, Margery Fish).
Ausgangspunkt all dieser Überlegungen und Abhandlungen war fast immer eine Betrachtung unserer Umgebung, die darauf gerichtet war, wie wir diese *statisch* verwalten könnten.

Natürlich sind Namen wie Rudolf Steiner, Ehrenfried Pfeiffer und Kurt Schilling in den Kreisen wohl bekannt, in denen man schon seit einem halben Jahrhundert versucht, die statischen Ackerbaumethoden in dynamische umzuwandeln, weil man eingesehen hat, daß die heute angewandten Methoden eine direkte Folge der Akzeptierung von Ausgangspunkten sind, die durch eine technokratische Gesellschaft bestimmt sind.
Diese Ideen sickern auch immer noch weiter ein in das heutige Organisationssystem, aber sie bleiben zu sehr auf bestimmte Gruppen von nicht konventionell Denkenden beschränkt, um wirklich einen Ausblick auf Möglichkeiten zur Entwicklung von Gesellschaftsformen zu geben, die – im Prinzip – in ihrer Anlage die Organisationsform der Natur als Ausgangspunkt akzeptieren.

Die Schwierigkeiten beginnen schon dort, wo mit dem Wort »Natur« operiert wird, denn fast jeder Mensch hat da seine eigenen Vorstellungen.
Doch hat z. B. J. Piket sehr überzeugend dem Begriff der »Kulturierung« den der »Naturierung« gegenübergestellt.
Die Landschaft, in der wir leben, muß eindeutig als eine Gegebenheit definiert werden, die stark durch ein Kulturierungsmuster gekennzeichnet ist.
Unsere Landschaft ist zu 100% durch Kultivierung bestimmt und das Wort Natur in seiner wörtlichen Bedeutung ist in unserem Land nicht mehr anwendbar.
H. Ellenberg bemerkt zu Recht, daß in ganz Europa die kultivierte Landschaft an die Stelle der natürlichen Landschaft getreten ist, möglicherweise mit Ausnahme einiger kaum erreichbarer kleiner Gebiete in Mitteleuropa.

*Abb. 8* Die Entstehung von Mikroklimaten in ungestörtem Grasland (s. auch Abb. 6, Vordergrund).
Das Gras wirkt an der Reliefveränderung des Pflanzenkleides mit. Diese Veränderung ist für die Entwicklung des Grases selbst jedoch nicht günstig. Da die abgestorbenen Grasteile nicht mehr beseitigt werden, werden die neuen Ausläufer des jungen Grases von einer Schicht abgestorbenen Materials bedeckt. Diese Schicht bewirkt, daß das Gras immer weniger gut wachsen kann. Die Folge ist, daß andere Pflanzen diese Situation ausnutzen, um sich anzusiedeln. Im Garten, wo die Graskultur (Rasen) meist die Hauptsache ist, tut man gerade das Umgekehrte! Durch das intensive Mähen werden die Ausläufer des Grases vermehrt, wodurch es sich besonders gut entwickeln kann.
Diese starke Entwicklung verhindert die Ansiedelung anderer Pflanzen. Grasland kann also nur bestehen, wenn Mensch oder Tier ständig Aktivitäten entwickeln, die zugunsten des Grases und zuungunsten der Ansiedelung anderer Vegetationsformen wirken (s. auch Abb. 3).

Der Mensch ist, um für seinen Lebensunterhalt sorgen zu können, seiner natürlichen Umgebung gegenüber stets aktiv handelnd aufgetreten.

Das Resultat all dieser Aktivität ist, vielleicht von vereinzelten Ausnahmen abgesehen, für einen ungestörten Fortgang natürlicher Prozesse immer ungünstig gewesen.

So hat die Landschaft eine Entwicklung *in der Zeit* durchgemacht.

Diese Entwicklung in der Zeit ist durch Mechanisierung beschleunigt worden. *Gerade der Faktor Zeit spielt eine wichtige Rolle*. Eine Anpassung von Lebensformen an sich ändernde Umstände ist nur dann möglich, wenn genügend Zeit zur Verfügung steht, um sich auf eine neue Situation einspielen zu können.

Die Entwicklungsgeschichte aller lebenden Wesen hat im Lau-

*Abb. 9* Bildung eines Mikroklimas mit Hilfe von alten Baumstubben. Durch kleine Änderungen im Terrain kann nicht nur der Wasserhaushalt stark beeinflußt, sondern auch die Einwirkung des Windes günstig oder ungünstig verändert werden. Durch hinzugefügte Stubben (dicht geschlossene Form) wird die Windrichtung in der unmittelbaren Nähe der Bodenoberfläche stark beeinflußt. Hier ist deutlich sichtbar, daß die abgefallenen Blätter sich an den Stellen aufhäufen, die der Wind nicht erreichen kann.

Will man verhindern, daß bei Änderung der Windrichtung doch wieder totes Laub weitertransportiert wird, dann kann man Zweige über die Blätterhaufen legen. Will man an derselben Stelle etwas anpflanzen, dann muß man dafür sorgen, daß nach dem Pflanzen das Laub und die Zweige wieder in die ursprüngliche Position gelegt werden.

*Abb. 10*

*Abb. 11*

*Abb. 10/11* Auch der Mensch wirkt – bewußt oder unbewußt – mit an der Entstehung von Mikroklimaten. Anfänglich baute er seine Wohnung (Habitat) aus natürlichen Materialien; er tat dies in einer für ihn charakteristischen Weise. Die benötigten Baumaterialien (Holz, Stein, Lehm) wurden meist in unmittelbarer Umgebung des Wohnortes der Natur entzogen. Durch diese Aktivitäten wurde das Milieu stark beeinflußt. Der Entzug des Materials kann mit als Ursache für das Auftreten einer Form von Degradation angesehen werden.

fe von Äonen, in natürlichem Tempo, das heutige Niveau erreichen können.

Es ist sehr gut möglich, daß die Beschleunigung, die sich aus unserem heutigen technischen Fortschritt ergeben hat, für die natürliche Entstehung neuer Formen als Reaktion auf Veränderungen, die im Milieu vor sich gehen, eine ungünstige Voraussetzung ist. Die Natur läßt sich nicht drängen!

Naturpolitik kann auf zweierlei Weise betrieben werden, nämlich statisch oder dynamisch.

Die Naturpolitik, wie der hochzivilisierte Kulturmensch sie betreibt, ist meist von statischer Art. Wir wollen die Natur zähmen, ordnen und so weit wie möglich an unsere technischen Errungenschaften anpassen.

*Abb. 12*

*Abb. 12* Eine Form, die vom heutigen Menschen bei seiner Bauweise viel angewandt wird und die für die Bildung von Mikroklimaten gerade ungünstig ist, ist die ebene Fläche. Die ebene Fläche, genauso wie die gerade Linie und die reine Kugel, sind extreme Formen, die in der Natur fast niemals vorkommen. Da der Mensch sein Wohn- und Lebensmilieu beinahe vollständig mit Hilfe extremer Formen realisiert, müssen seine Handlungen als ungünstig für die Stimulierung natürlicher Prozesse angesehen werden.

*Abb. 13* Andererseits gibt es Gegensätze, die durchaus natürliche Aktivitäten stimulieren können. Pflanzen wachsen und liefern durch dieses Wachstum einen Beitrag zur Bildung organischen Materials. Dieser Wachstumsprozeß ist möglich, weil die Pflanze die Fähigkeit hat, Sonnenenergie auszunutzen (Photosynthese). Man hat nun feststellen können, daß die Aktivitäten, die von der Pflanze in bezug auf diesen Prozeß entwickelt werden, einen viel besseren Ertrag ergeben, wenn die Pflanze starkem Wechsel zwischen Licht und Dunkel (Extreme) ausgesetzt wird.

Der Garten muß also so angelegt werden, daß sich die Lichtsituation ständig ändern kann (viele Licht-Schatten-Effekte). Das ist möglich, wenn die Vegetation im Garten durch einen variierten vertikalen Aufbau das Licht auf verschiedenen Ebenen gut auffangen kann.

Um einem Garten einen möglichst reichen vertikalen Aufbau geben zu können, muß die Oberfläche des Terrains möglichst viele Höhenunterschiede aufweisen.

*Abb. 14* Wenn Wasser zu den Elementen des Gartens gehört, dann muß es auch vollkommen nach seinen eigenen Gesetzen funktionieren können. Man sollte das Wasser in Gebiete einschließen, die terrassenförmig aufgebaut sind, so daß viele Randgebiete entstehen. Diese Gebiete müssen in Kontakt mit dem Grundwasser bleiben. Das ist immer dann möglich, wenn der Untergrund der Terrassen nicht aus einer undurchlässigen Schicht besteht (Beton, Plastik). Da der Feuchtigkeitsgrad der Terrassen starke Unterschiede zeigt, werden auch die darauf wachsenden Vegetationen durch größere Vielfalt der Arten gekennzeichnet sein.
Brennesseln (s. den obersten Streifen) können sich nicht ansiedeln, wenn die Feuchtigkeit zu groß wird (s. Mittelstreifen): selektierende Funktion des Milieus.

Die Technik hat sich derart dynamisch entwickelt, daß sich der Mensch vor allem auf sie konzentriert hat. Es ist erstaunlich, zu welcher Höhe sich die Fähigkeit des Menschen, in Prozessen zu denken, aufschwingen kann, wenn es um die Erlangung technischer Erkenntnisse geht, wie statisch er dagegen gerade im Hinblick auf natürliche Entwicklungen denkt.

Durch diese Einstellung wird eine dynamische Entwicklung der Landschaft ausgeschlossen.

Alle natürlichen Elemente aber, die in einem bestimmten Augenblick zusammen ein Landschaftsbild formen, bleiben niemals auf die Dauer in ihm enthalten. Eine Landschaft ist in Bewegung.

Die Elemente, die der Mensch in Form von Häusern und Straßen hinzufügt, sind von bleibender Art. Gerade durch diese ihre unterschiedliche Beschaffenheit ist eine Verbindung natürlicher und künstlicher Elemente nicht möglich.

Garten- oder Landschaftsplaner gehen fast ausschließlich von der statischen Betrachtungsweise aus; dadurch werden Entwicklungsprozesse ausgeschlossen.

Die Unterschiede zwischen beiden Betrachtungsweisen sind erheblich. – Bei der statischen Auffassung geht der Planende von einem vorher festumrissenen Plan mit Planzeichnungen aus. Pflanzen und Bäumen wird dabei ihr fester Platz zugewiesen. Wachstumsmöglichkeiten sind nur noch in Länge und Umfang vorhanden. Offene Räume zwischen Pflanzen müssen durch fortwährendes Eingreifen offengehalten werden.

Die ständige Arbeit, die hier verrichtet werden muß, kann mit der des Bauern verglichen werden.

Da der Bauer auf einem Gebiet, das einst völlig der Natur gehörte, eine Form von Betrieb geschaffen hat, bleibt ihm nichts anderes übrig, als durch dauernde intensive Arbeit dieses Gebiet außerhalb der natürlichen Einflußsphäre zu halten.

Die ebenfalls ständig notwendige Arbeit in den ökonomisch angelegten Wäldern hat dasselbe Ziel, nämlich die Entwicklung in einer Richtung zu hemmen, die die Natur selbst nehmen würde.

Bauer und Forstwirt müssen die Form ihres Betriebes dauernd gegen das Wiedereroberungsstreben von angrenzenden, natürlicher geformten Landschaftselementen verteidigen.

Bei einer statischen Betrachtungsweise muß also immer sehr viel Arbeit verrichtet werden. Auf den ersten Blick ein seltsamer Widerspruch; das kommt jedoch daher, daß das Wort statisch nicht auf die Arbeit anzuwenden ist, die vom Bauern, vom Gärtner oder vom Forstwirt stets notwendigerweise getan wird, sondern auf die Art der Gebiete, die durch diese Menschen unablässig unterhalten werden müssen.

Die Folge unserer statischen Betrachtungsweise ist die, daß wir gezwungen sind zu graben, zu schaufeln, zu harken, zu sprühen, zu sprengen, zu schneiden, zu hacken und sonst noch alles mögliche zu tun, um alles vor allem ordentlich und gesund aussehen zu lassen.

Durch diese enorme Aktivität, die wir glauben entfalten zu müssen, wird die vorhandene Aktivität, die sich hinter der Beziehung aller natürlichen Elemente zueinander verbirgt, völlig zerstört.

Jedes natürliche Element ist nämlich Bestandteil eines Prozesses, und obwohl uns zum Beispiel die Pflanzenwelt äußerlich durchaus statisch vorkommt, stimmt dieser Eindruck nicht mit der Arbeit überein, die von Pflanzen verrichtet wird; denn wenn festgestellt worden ist, daß die Landschaft als Ganzes fortwährend in Bewegung ist, so gilt dies ebenso für die einzelnen Elemente der Landschaft, aus denen sie sich zusammensetzt, und auch die Funktion von Pflanzen, Bäumen und Sträuchern muß als dynamisch angesehen werden.

Bei einer *dynamischen Betrachtungsweise* der Natur durch den Menschen muß also das Wort dynamisch nicht mit der Arbeit verbunden werden, die vom Menschen in der Natur getan werden muß, sondern gerade mit der Arbeit, die von allen anderen Wesen außer dem Menschen konstant in Raum und Zeit verrichtet wird.

Ist eine absolut dynamische Betrachtungsweise des Menschen im Hinblick auf die Natur möglich, dann könnte sein Arbeitsaufwand also ganz und gar auf Null reduziert werden. Eine verlockende Aussicht, da das Wort Arbeitsaufwand sich auf eine bestimmte Menge von Energie bezieht. Einsparung von Energie beim Einschalten des natürlichen Prozesses ist darum möglich.

Energieverlust kann als nachteilige Folge einer *statischen Betrachtungsweise* der Natur angesehen werden. Da die Erhaltung von Energie eine unserer vordringlichsten Aufgaben in der Zukunft sein wird, ist es außerordentlich wichtig, daß wir die Vor- und Nachteile unserer Betrachtungsweisen gegeneinander abwägen.

Wenn wir von einer dynamischen Betrachtungsweise der Natur sprechen, meinen wir dann etwas Vages oder Geheimnisvolles, oder ist es möglich, in exakter Terminologie eine Beschreibung dessen zu geben, was hier mit einem einzelnen Begriff angedeutet wird?

Der englische Bodensachverständige John Russell berichtet, daß er sein Leben lang von all den komplizierten Prozessen fasziniert worden sei, die sich täglich in den obersten 20 bis 30 cm des Bodens abspielen.

*Abb. 15* Eine Voraussetzung für das optimale Funktionieren des natürlichen Prozesses ist die, daß das Sonnenlicht soviel wie möglich mit den grünen Teilen der Pflanzen in Kontakt kommt, ehe es die Erdoberfläche erreicht. Je vielfältiger die Lichtstrahlen abgefangen werden, desto mehr Sonnenenergie wird durch die Pflanzen umgesetzt. Dieser Kontakt zwischen Pflanzenkleid, Blattgrün und Licht wird in einer Situation so lange wie möglich garantiert, in der der gesamte Boden von einem sehr dichten Pflanzenkleid abgedeckt ist (s. auch Abb. 24/25).

Auf kahler Gartenerde (schwarze Erde) geht viel Sonnenenergie verloren. Außerdem ist es für biologische Prozesse, die sich im Boden abspielen, gerade sehr unerwünscht, daß die Bodenoberfläche in direktem Kontakt mit dem Sonnenlicht steht. Im Garten kann die Situation, die den oben erwähnten Bedingungen entspricht, erreicht werden, indem man Sträucher, Stauden, Bäume und Boden bedeckende Pflanzen so verstreut wie möglich pflanzt (niemals massiv in dichten Gruppen).

Auf den ersten Blick kommt man schnell zu dem Schluß, daß die Arbeit, die in diesem Teil der Bodenoberfläche von winzig kleinen Organismen verrichtet wird, schwerlich als wichtig bezeichnet werden könne. Sicher dann nicht, wenn wir ihr unsere Arbeit gegenüberstellen, die wir mit Hilfe gigantischer Maschinen verrichten.

Und doch ist unsere Schlußfolgerung falsch, denn was in dieser äußerst dünnen Erdschicht geschieht, ist deshalb von so ungeheurer Bedeutung, weil Leben auf der Erde ohne die Arbeit dieser kleinen Organismen einfach undenkbar ist. Russell hat nun, unterstützt von etwa hundert wissenschaftlichen Mitarbeitern, in seinem Laboratorium in Rothamsted (England) sein ganzes Lebenswerk in der Erforschung des äußerst komplizierten Lebens der Bodenbakterien gesucht und gefunden. Das Fazit seiner Untersuchungen besteht in der Erkenntnis,

*Abb. 16* Die Abschirmung des Bodens gegen die unmittelbaren nachteiligen Einflüsse des Sonnenlichts kann man auf einfache Weise erreichen, indem man den Boden mit totem Pflanzenmaterial abdeckt.
Vordergrund der Abb.: Beispiel für das Abdecken. Reste einer Brennesselkultur sind auf den Boden gelegt worden.
Je kleiner die Stengel gebrochen oder geschnitten sind, desto besser wird die Streulage funktionieren. Dieses Schneiden oder Brechen fördert den engen Kontakt zwischen allen Teilen des den Boden bedeckenden Materials mit der Oberfläche des Bodens. Gerade in dieser Zone herrscht die größte Aktivität (Grenzgebiet), und die Umsetzung des Materials wird schneller vor sich gehen. Ragen Teile der Stengel aus der Streulage heraus, dann verursacht der Wind starke Austrocknung. Trockenes Material zersetzt sich langsamer als Material, das feucht ist.

das Leben der Bodenbakterien sei derart kompliziert, daß eine vollständige Analyse aller biologischen Aktivitäten und physikalischen Reaktionen wohl zu den absoluten Unmöglichkeiten gerechnet werden müsse.

Einige Jahre nach John Russell sprach der französische Ethologe und Ökologe Rémy Chauvin auf einem internationalen Symposion von Ökologen in Paris (1970) über die Kompliziertheit der vielen Lebensäußerungen von Pflanzen und Tieren, die zusammen die Lebensgemeinschaft aufbauen, die wir ein Kornfeld zu nennen pflegen. Er behauptet, daß die ökologischen Probleme so groß seien, daß man höchstens ein Zehntel des tatsächlichen Zusammenhanges werde analysieren können.

Was liegt nun näher als die folgende Frage: Ist unsere Arbeitsmethode, die wir vielfach auf dieser äußerst wichtigen dünnen Erdschicht anwenden, wohl die richtige?

Würde es angesichts der Kompliziertheit von Strukturen, die wir in ihr erwarten können, nicht besser sein, unsere Eingriffe auf ein Minimum zu reduzieren? Wenn, wie festgestellt worden ist, die statische Betrachtungsweise der Natur nur in Verbindung mit großem Arbeitsaufwand möglich ist, wäre es dann nicht verständiger, die Natur mehr dynamisch zu betrachten, womit unmittelbar geringere Eingriffe verbunden wären?

Deutlich wird immerhin, daß Eingriffe nicht wirklich zu verantworten sind, solange wir nicht die ganze Struktur der Welt kennen, in der wir, aus welchem Grunde auch immer, meinen arbeiten zu müssen. Und es sind wahrlich nicht Russell und Chauvin allein, die uns mit der Nase auf eine den meisten Menschen unbekannte, aber äußerst wichtige Welt stoßen! Jedoch auch wenn wir den Prozeß nicht in all seinen Einzelheiten kennen, ist doch sein Ergebnis, nämlich die Erde, für jeden von uns um so wichtiger. Wenn der Mensch niemals auf der Erde erschienen wäre, dann wäre, ausschließlich durch biologische und botanische Aktivitäten, am Ende die ganze Erdoberfläche mit einem Vegetationskleid bedeckt worden, abgesehen von den Gebieten, in denen extreme Temperaturen herrschen.

Um die Bedeutung des Erscheinens des *homo sapiens* zu illustrieren, können wir P. Ehrlich anführen, der behauptet, daß alle Wüsten durch Zutun des Menschen entstanden seien, vielleicht mit Ausnahme der Kalahari-Wüste.

Wüstenbildung findet noch immer statt, und die Schnelligkeit, mit der dies geschieht, wird ständig größer (1882: 9,4% der Landfläche Wüste, 1952: 23,3%).

Das geschundene Pflanzenkleid kann seine Funktion als schützender Mantel für dieselbe Erde, aus der die Pflanzen hervorgesprossen sind, kaum noch erfüllen. Das Äußere dieser Vegetationsdecke zeigt eher Ähnlichkeit mit einem verschlissenen und abgelaufenen Teppich, als daß es einer warmen, dichten, reich strukturierten Decke gliche.

Die durch den Menschen verursachten degenerativen Einflüsse können durch denselben Menschen in regenerative Einflüsse umgewandelt werden, jedenfalls wenn er seine Augen öffnet für alle Folgen einer jahrhundertelangen degenerativ betriebenen Politik, Folgen, die heute weltweit nachweisbar sind.

Dadurch daß Russell und Chauvin uns mit soviel Nachdruck auf die Kompliziertheit des Bodens hingewiesen haben, den wir täglich, ohne darüber nachzudenken, mit unseren Füßen betreten, besteht nun die Möglichkeit, daß wir in unseren Handlungen – die doch notwendigerweise geschehen müssen, um die Entwicklung im Sinne der Evolution wieder in Gang zu bringen – so gehemmt werden, daß wir uns wie gelähmt fühlen.

Wenn wir alle Konsequenzen unseres Handelns immer ganz übersehen könnten, dann würden wir niemals mehr handeln können. Im Sinne der vorangegangenen Darlegung würden wir dann automatisch das Prinzip der dynamischen Betrachtungsweise anwenden, das in hohem Maße durch so wenig wie möglich Arbeit gekennzeichnet ist.

Daß dies trotzdem die ideale Betrachtungsweise wäre, wird in der Folge unserer Darlegung vollkommen deutlich werden. Allerdings brauchen wir mit einer solchen weisen allgemeinen Politik nicht zu rechnen.

Daß wir doch auf die eine oder andere Weise zu einer möglichst vollständigen Wiederherstellung der jämmerlich zugerichteten Erdoberfläche werden übergehen müssen, kann am folgenden Beispiel gezeigt werden, das uns die Konsequenzen

*Abb. 17* Bringt man im Garten aufeinandergestapelte Steinformationen an (Abdeckung von Erdwällen), dann dürfen die Steine niemals gemauert werden. Außerdem müssen sie so gestapelt werden, daß Öffnungen zwischen den Steinen oder anderem Material bestehenbleiben; niemals vollkommen geschlossene Mauern bauen! Ist der Boden ausreichend feucht, dann können die Steine wie Dachziegel so gestapelt werden, daß überschüssiges Wasser abfließen kann. Will man jedoch so wenig Wasser wie möglich verlieren, dann legt man die Steine so, daß das Wasser zwischen den Öffnungen im Material in den Boden eindringen kann. Die Benutzung losen Materials ist eine Voraussetzung dafür, daß man den Garten entsprechend seinem Wachstum in Raum und Zeit ständig umgestalten kann.

*Abb. 18* Je mehr lose Elemente auf verschiedenem Niveau in der Landschaft anwesend sind, desto mehr verschiedene Mikroklimate können entstehen. Dadurch wird die Anzahl der Pflanzenarten größer werden. Und als Reaktion auf diese Vielfalt wird die Zahl der Insekten zunehmen. Je größer die Vielfalt ist, desto stärker wird auch die Stabilität der Lebensgemeinschaft (geringere Gefahr von Angriffen von außen).

Abb. 20

Abb. 21

Abb. 19

*Abb. 19/23* Für Gartenliebhaber, die auf alle mögliche Weise versuchen, sich von »lästigem Ungeziefer« im Garten zu befreien, klingt es merkwürdig, wenn hier darüber gesprochen wird, daß man Maßnahmen treffen muß, die das Insektenleben im Garten gerade stimulieren (s. S. 209 ff.). Die Abbildungen geben einen Eindruck von der nützlichen Arbeit, die z. B. von Schnecken verrichtet werden kann. Im allgemeinen schätzt man jedoch die Anwesenheit dieser Tiere nicht. Abb. 20 zeigt eine Silberpappel *(Populus alba)* auf kalkarmem Boden: keine Schnecken. Der Baumstamm ist ganz und gar von Algen und Flechten bedeckt (Stickstoffkreislauf blockiert). Abb. 21: Derselbe Baum in einem Garten, in dem Schnecken akzeptiert werden. Der Stamm ist ganz sauber (Stickstoff aufgenommen in den Kreislauf – s. auch Abb. 22 und 23).

einer Waldvernichtung, der extensive Ackerbaumethoden folgen, deutlich macht.

Es ist das von Heinrich Walter genannte, berühmt gewordene Beispiel vom totalen Verschwinden einer Bodenschicht von 18 bis 20 cm Stärke im Südosten von Nordamerika. Wenn diese Bodenschicht von einem dichten Laubwald bedeckt wäre, der aus einer großen Vielfalt von Pflanzenmaterial bestünde, dann würde der Boden für eine Periode von 600 000 Jahren geschützt sein. Dasselbe Stück Land, zu Grasland umgearbeitet und einer Überbeweidung ausgesetzt, würde eine Periode von »nur« 82 000 Jahren überstehen.

Anwendung von Ackerbaukulturen im Wechselsystem würde diesen Prozeß in einer noch viel kürzeren Zeitspanne ablaufen lassen, nämlich in kaum 125 Jahren.

Aufgrund der Anforderungen, die von einer hochwertigen Kulturpflanze wie etwa Baumwolle gestellt werden, wäre dieses Stück Boden in kaum 46 Jahren abgebaut, während ihm in vollkommen unbewachsenem Zustand noch kaum 20 Jahre blieben.

Wenn alle Lebensformen in ihrer Existenz so sehr von dem Fortbestehen einer bestimmten Bodenschicht abhängig sind und bleiben, die ausschließlich und allein imstande zu sein scheint, auf die Dauer für die notwendige Nahrungsmenge zu sorgen, dann müssen wir die Erde als Nahrungsquelle auch optimal beschützen.

Daß man im allgemeinen noch nicht in dieser Richtung denkt, mag aus einer kürzlich erschienenen Publikation von Dick Schaap deutlich werden, in der dieser über die großartigen Pläne berichtet, die bei der jungen Generation technischer Studenten im Hinblick auf die Lösung des Nahrungs- und Energieproblems bestehen.

Wenn Paul Ehrlich die Überlebensmöglichkeit der Menschheit nicht höher als 2% anschlägt (die Kritik, die die Angabe dieser Zahl hervorgerufen hat, bedeutet nicht viel angesichts der Tatsache, daß die Geschichte der Menschheit auf der geologischen Uhr kaum seit einigen Minuten läuft), dann gerät der Optimismus der Techniker und Ingenieure in ein etwas merkwürdiges Licht.

Schaap veröffentlicht nämlich die technischen Tagträume der

Studenten und beschreibt, wie weit die Pläne zur Erschließung der letzten Vorratskammern, die die Welt noch an schwer zu erreichenden Orten für uns in Reserve zu haben scheint, schon fortgeschritten sind, so daß mit dem Verbrauch der letzten Mineralstoffe begonnen werden kann (Avenue, April 1971).
Angesichts dieser Denkweise könnte man die Situation der gesamten Menschheit mit der einer großen Gruppe feiernder Menschen in einem Landhaus vergleichen, dessen Vorratskammern zu Beginn des Festes wohlbestellt waren. Das Fest dauert jedoch lange, und die Gruppe der Feiernden wird immer größer, da schon von ferne Menschen von dem nach draußen strahlenden Licht, dem Wohlgeruch der Speisen und dem Festlärm angelockt werden. Und plötzlich kommt dann einer der Organisatoren zu der bestürzenden Entdeckung, daß die Feuer verlöschen und der Proviant auszugehen droht. Die Wärme, die von der Masse der Menschen ausgeht, verhindert, daß diese die hereinströmende Kälte sofort fühlen, und solange noch eine einzige Bratwurst oder ein Rebhuhn vorhanden ist, will man einfach nicht glauben, daß dies die letzten Speisen sind. Während die Festfreude ihren Höhepunkt erreicht hat, durchsuchen die Organisatoren in ihrer großen Not das ganze Haus, um zu sehen, ob nicht möglicherweise doch noch irgendwo ein Reservevorratskeller zu finden ist. Endlich, nach langem Suchen, finden sie wirklich einen! Aber wäre nach der völligen Ausräumung dieses letzten Vorratskellers die Mentalität der in den höhergelegenen Etagen weitertanzenden Menge so verändert, daß sie nun plötzlich einsehen wollten, daß sie schon viel zu lange gefeiert haben?
Auf das Fest muß erst der Kater folgen, dann werden die Feiernden notgedrungen erkennen, daß sie das Landhaus nur noch verlassen können, um anderswo aufs neue ihr Glück zu versuchen.
Wir werden jedoch, wenn wir uns vor dieselbe ernüchternde Schlußfolgerung gestellt sehen, nämlich daß die Erde leer ist, keine andere Unterkunft suchen können, weil wir die ganze Erde als unser Haus bewohnt und ausgeplündert haben.
Wäre es nicht besser, ehe man unter den Boden der Ozeane hinuntersteigt, wie die Techniker und Ingenieure als Organisatoren sich das als letztes Rettungsmittel vorstellen, die Feiern-

den auf dieser Erde nochmals auf ihre Situation hinzuweisen? Was Schaap, Ehrlich, Osborn, Vogt u. a. warnend signalisiert haben, scheint die breite Masse jedoch nicht zu beunruhigen. Für D. H. Wester war wahrscheinlich diese lakonische Unbekümmertheit der Anlaß festzustellen, daß eine gründliche und essentielle Mentalitätsveränderung nötig ist, um die Entwicklung in einer Richtung, die mit der der oben beschriebenen feiernden Menschen übereinstimmt, aufhalten zu können.
Das Ausschöpfen der letzten Energiequellen, nur mit dem Beweggrund, daß unser heutiges ökonomisches Weltbild erhalten werden müsse, muß schließlich die Voraussage Sicco Mansholts in Erfüllung gehen lassen, daß unsere Kindeskinder auf harte Weise mit dem inflationären Wert einer Welt konfrontiert werden, die ihr Erbteil ist.

*In letzter Zeit treten jedoch Entwicklungen auf, die Möglichkeiten enthalten, eine Mentalitätsveränderung nicht allein in theoretischem, sondern vor allem auch in praktischem Sinne herbeizuführen.*
Diese Entwicklungen zeigen sich nicht nur in unserem Land, sondern überall da, wo man einen ökonomisch gleichen Lebensstandard findet. Wir müssen jedoch, ehe wir zu einer Erklärung dieser Veränderungen übergehen können, erst wieder zur Geschichte unserer eigenen Umgebung zurückkehren, da einige Begriffe näherer Erläuterung bedürfen.

Man kann vielleicht mit einem einzelnen Beispiel verdeutlichen, was denn nun eigentlich mit dem Begriff Degradation gemeint ist.
Es ist mehr als bekannt, daß Kalk ein wichtiger Baustoff für den Aufbau von pflanzlichen wie von tierischen Organismen ist. Daß sein Vorhandensein außerordentlich günstig für die Entwicklung guter Lebensbedingungen im Boden ist, ist natürlich ebenso bekannt. Jedermann weiß, daß der Kalkgehalt sowohl für die Struktur als auch für die Temperatur des Bodens bestimmend ist, und daß die Säurereaktion des Bodens stark vom Prozentsatz an Kalk abhängt.
Daß man trotz dieser fast selbstverständlichen Fakten doch scheinbar nicht ganz klar vor Augen hat, was um uns her mit

diesem so wichtigen Stoff geschieht, wird auf folgende Weise wahrscheinlich deutlich:

Eine ausgewachsene Buche braucht für ihre Entwicklung ungefähr 98 kg Kalk pro Hektar und kann zu den Bäumen gerechnet werden, die für ihr Wachstum hohe Anforderungen an den Kalkvorrat des Bodens stellen.

Wenn man auf einem bestimmten Gebiet 100 Buchen fällt, entzieht man also, wenn alles Material abtransportiert wird, diesem Gebiet ca. 10 000 kg Kalk. Die Buche nahm am Beginn des historischen Zeitalters in unseren Wäldern eine vorherrschende Position ein. Lange Zeit ist die Frage unbeantwortet geblieben, welcher von beiden Bäumen, die Buche oder die Eiche, diese Position innehatte. Die Entwicklung der Pollenforschung hat die Entscheidung zugunsten der Buche gefällt (Firbas, 1949).

Die Hochschätzung dieses Baumes als Nutzholz (z. B. für Möbel) hat erst im 20. Jahrhundert eingesetzt, durch die Jahrhunderte hin ist die Buche meist als Brennstoff benutzt worden.

Die Menge Kalk, die auf diese Weise aus den tiefergelegenen Erdschichten auf dem Wege durch den Stamm dem Boden entzogen wurde, muß unvorstellbar groß gewesen sein!

Und niemals ist auch nur eine minimale Menge Kalk als Ausgleich dafür wieder in den Boden zurückgekehrt, auch wenn natürlich Versuche zur Düngung von Waldböden unternommen worden sind. Schließlich wurde durch diesen massiven Kalkentzug nicht nur der Säuregrad des Bodens immer mehr nach einem höheren Säurewert hin verschoben, sondern es wurde auch für die Buche unmöglich, angesichts des sinkenden Kalkgehaltes des Bodens, noch ausreichend zu ihrem Recht zu kommen.

Sinkt der Kalkgehalt so, daß das Minimum von 98 kg nicht mehr erreicht wird, dann nennt man diesen Boden *degradiert*. Wenn es nicht mehr möglich ist, den Kalkgehalt des Bodens jemals wieder einigermaßen den Anforderungen entsprechen zu lassen, dann ist der Zustand unwiederbringlich zum Nachteil verändert.

Mit Holzschlag, der zu *Holzabfuhr* führen soll, sind also zwei sehr schwerwiegende Gefahren verbunden. Ehe wir die Situation um Holz und Holzschlag nun außerdem noch mit der

Wasserversorgung in Zusammenhang bringen, wollen wir erst die Geschichte auf dem Wege über die Nachfolger der Buche, nämlich Eiche, Birke und Kiefer, verfolgen.

Dadurch, daß der Prozentsatz an Kalk zurückgeht, wird der Kalkvorrat so verringert, daß er nur noch dazu ausreicht, weniger anspruchsvolle Baumarten gedeihen zu lassen. Die Buche wird darum von der Eiche abgelöst, die nur ungefähr 68 kg Kalk braucht.

Die Eiche beginnt also schon in einer Landschaft zu wachsen, in der der Säuregrad des Bodens höher ist; und da man, was die Abfuhr des Eichenholzes betrifft, ebenso vorgegangen ist wie bei der Buche, gingen pro 100 Eichen noch einmal 6800 kg Kalk verloren.

Als schließlich die Buche ganz verschwunden oder jedenfalls sehr in die Minderzahl geraten war, übernahm die Eiche die Vorherrschaft. Der Säuregrad nahm zu, viel Laub blieb liegen. Letzteres war die Ursache dafür, daß man das Ansteigen des Säuregrades im Boden den Laubschichten zuschrieb, die liegenblieben. Die längere Zersetzungszeit der Eichenblätter schien ein zusätzlicher ungünstiger Faktor, um die Eiche in Verruf zu bringen. Doch ist nicht das Laub, sondern der Kalkentzug der Hauptschuldige. Eichen gehören zu den tiefwurzelnden Bäumen, die gerade darum so wichtig sind, weil die meisten basisch reagierenden Stoffe durch tiefwurzelnde Gewächse auf dem Wege über den Blätterfall zur Erdoberfläche transportiert werden.

Zufuhr von Basen wird also in geringerem Maße möglich, wodurch der Säuregrad noch extra ungünstig beeinflußt wird.

Die Geschichte setzt sich fort über die Birke, ca. 40 kg Kalk, zur Kiefer, ca. 29 kg Kalk.

Birke und Kiefer sind denn auch ohne weiteres als Bäume für feuchte, humusreiche Sandböden zu klassifizieren. Sie gelten als arme Schlucker.

Der Holzschlag wird jedoch unverdrossen fortgesetzt, und heute beträgt die Holzproduktion der Welt eine Billion Kubikmeter pro Jahr, die für alle möglichen Zwecke benutzt werden.

Der Kalkgehalt im Boden ist also seit dem Beginn der Menschheit ständig negativ beeinflußt worden, wobei sich die Situation durch die unvorstellbar großen Mengen Holz, die wir heute verbrauchen, im Vergleich zu historischen Degradationsentwicklungen noch erschreckend verschlechtert hat.

In diesem Zusammenhang muß außerdem von der Kiefer noch eine – im Vergleich zur Buche – nachteilige Eigenschaft erwähnt werden, eine Eigenschaft übrigens, die in bezug auf die Holzproduktion nicht einmal ungünstig ist: die Kiefer wächst viel schneller als die Buche.

Aus der Perspektive der Nachfrage nach Bäumen, die schnell einen bestimmten Bedarf an Holz decken können, ist es durchaus günstig, daß eine Kiefer nur ungefähr ein Drittel der Zeit braucht, um Holz von guter Qualität zu liefern, verglichen mit der Zeit, die Buche und Eiche benötigen.

Als der Raubbau an Eichen solche Formen angenommen hatte, daß auch hier kein schneller Nachschub mehr garantiert werden konnte, ging man zur Anpflanzung von Kiefern über, weil auch diese Bäume Nutzholz von guter Qualität liefern können.

Das ist in zweierlei Hinsicht ausgesprochen ungünstig für den Boden. Erstens ist der scheinbare Vorteil, der sich aus dem geringeren Kalkbedarf der Kiefer gegenüber der Buche ergibt, von keinerlei Bedeutung, weil man nun aufgrund der kürzeren Wachstumszeit ein Gebiet dreimal kahlschlagen muß statt einmal, wie beim Kahlschlag von Buche und Eiche.

So wirken sich die katastrophalen Folgen von totalem Kahlschlag und Abfuhr des gesamten Materials innerhalb viel kürzerer Zeit aus, und außerdem verschwindet bei dieser Kiefernkultur nach dreimaligem Fällen ebensoviel Kalk aus dem Boden wie bei der Buchenkultur (Kiefer nach dreimaligem Fällen 90 kg Kalk, Buche nach einmaligem Fällen 96 kg Kalk).

Ein zweiter Nachteil der Kiefernkultur besteht darin, daß die Nadeln der Kiefern, die meist liegenbleiben, die Struktur des Bodens sehr ungünstig beeinflussen, weil ihre Zersetzungszeit lang ist und die Stärke des unzersetzbaren Nadelkleides schnell zunimmt.

Natürlich muß man bei dieser ganzen Geschichte von Kalkentzug und Degradation des Bodens bedenken, daß die hier angegebenen Zahlen nur bei vollständigem Abbau von allem gelten, was der Wald hervorgebracht hat, also bei vollständigem Kahlschlag (oder Abbrennen).

Die Zahlenwerte liegen günstiger, wenn nur diejenigen Stammteile ausgesägt werden, die man braucht, und alles andere Material liegenbleibt. In ökonomisch angelegten Waldkomplexen ist dies natürlich nie der Fall, weil der Boden dann für das Anlegen neuer Anpflanzungen nicht zu bearbeiten ist.
Das Fällen nur einzelner Stämme in Wäldern, in deren Struktur man sonst nicht eingreift, wird in idealen Situationen angewandt und fällt unter den Begriff Plenterwald.
Neben der Verarmung an Kalk muß man natürlich auch den Verlust von Stickstoff, Phosphor und Kali erwähnen.
Zufuhr dieser notwendigen Nährstoffe von anderswo erfordert nicht nur mehr Arbeit, bedeutet also Energieverlust (Transport), sondern verlegt die Degradation in die Gebiete, in denen diese Stoffe dann wieder der Natur entzogen werden müssen. In diesem Falle findet also nur eine Verschiebung des Problems statt.

Abb. 24

Natürlich wird aller Boden, der ja schließlich der Natur abgewonnen wird, um als Kulturboden zu dienen, nicht wieder in den Kreislauf des Waldes zurückgeführt.
Erfahrung war der Lehrmeister des primitiven Menschen, und diese Erfahrung hatte ihn gelehrt, daß die Buche sich nur auf gutem Boden entwickeln kann (Hilgard, 1906). Und da der Mensch sich für seine Ackerbaukulturen in erster Linie guten Boden beschaffen will, ist auch aus diesem Grunde der Angriff auf die Buche am heftigsten gewesen.

Abb. 25

Nun versteht es sich von selbst, daß in bezug auf die Degradation über den Ackerbau im Prinzip dasselbe zu sagen ist. Auch wenn das oben erwähnte Beispiel von Heinrich Walter vielen vielleicht reichlich extrem klingt, so bleibt es doch eine Tatsache, daß Bodenbearbeitung mit vollständiger Erhaltung der strukturellen Kondition des Bodens und mit einem vollkommen geschlossenen Kreislauf von Nährstoffen nicht möglich ist.
Eigentlich ist es der Verlust an organischen Stoffen, der hier die wichtigste Ursache der endgültigen Degradation ist.
Die absolute Voraussetzung für die Erhaltung des Regenerationsvermögens des Bodens ist die, daß die Menge organischer Stoffe auf einem Niveau von 5% bis 6% des Volumens der

Abb. 26

*Abb. 24/25* Wenn der Boden vollständig von einem dichten Pflanzenkleid bedeckt ist, dann ist es meist wünschenswert, daß die Pfade einen offenen Charakter behalten. Die Raumwirkung des Gartens kann sehr stark durch die Art und Weise beeinflußt werden, in der das Licht benutzt wird. Wenn das Sonnenlicht mit Hilfe der hellen Oberfläche der Pfade reflektiert werden kann, dann kann das reflektierte Licht sich, da es aus einer anderen Richtung kommt als das einfallende Sonnenlicht, aufs neue innerhalb der Vegetation verbreiten und kann nochmals mit den grünen Teilen der Pflanze in Kontakt kommen, wodurch die Produktivität der Vegetationsdecke erhöht wird (s. auch Abb. 15). Außerdem wird die Temperatur in der Vegetationsschicht, die dicht an den Boden anschließt, günstig beeinflußt.

*Abb. 26* Die Ackerbaugebiete, die vom Menschen kultiviert worden sind, müssen in richtiger Weise abgegrenzt und beschützt werden. Man sollte für diesen Schutz viel mehr von dichten Bepflanzungen Gebrauch machen.
Wenn der Mensch auf seinem Kulturboden mit intensiver Arbeit fortfährt (oft maschinell), dann wird dadurch die Ansiedelung von Pflanzen von diesen weniger kultivierten Gebieten her erschwert oder sogar ganz und gar unmöglich gemacht.

Erde bleibt. Stalldüngung ersetzt immer eine bestimmte Menge organischer Stoffe, Kunstdünger ist dazu jedoch nicht imstande.

Die Verminderung der Menge organischer Stoffe spielt also bei künstlicher Düngung eine sehr wichtige Rolle, und die dabei entstehende Degradation ist verhältnismäßig groß.

Zu allen Einwänden, die nun einmal bestehen, wenn wir die natürliche Situation nur aus der Perspektive der Nahrungsbeschaffung für den Menschen betrachten, kommt außerdem noch die Tatsache, daß jeder mechanische Eingriff des Menschen als katastrophal für die biologischen Bodenprozesse angesehen werden muß.

Der ungarische Ökologe und Biologe Zicsi weist warnend darauf hin, daß eine zu hohe Bewertung unseres mechanischen Eingreifens uns die Möglichkeiten nimmt, uns in die so wichtigen Prozesse zu vertiefen, die die Natur selbst hervorbringt.

Der Mensch stützt sich nur noch auf seine technische Vernunft und glaubt, in einer Art triumphalen Siegesrausches über seine fortgesetzte Arbeit für die Erhaltung des Kulturbodens, gänzlich ohne Naturdynamik auskommen zu können.

Wenn diese verhängnisvolle Einstellung nicht bedingungslos durch eine Einstellung ersetzt wird, die von mehr Verständnis zeugt, dann wird der Endbetrag, der schließlich auf das Konto der Degradationsprozesse geht, außerordentlich hoch sein.

Natürlich brauchen nicht alle Eichen- und Birkenwälder, die heute vorhanden sind, immer aufgrund von Kultivierungsmethoden entstanden zu sein, die Degradation mit sich bringen.

Diese Wälder können auch als Endstadium angesehen werden, als Vegetation auf einem Boden, der nun einmal für Buchenwälder niemals ausreichend fruchtbar sein konnte. In diesem Falle ist der Wald das normale Endstadium einer Folge sich abwechselnder Pflanzengruppen, die am Ende den Boden für das Hervorbringen von Eichenwald geeignet gemacht haben.

*Man spricht also von einer Degradationsklimax, wenn der Wald die Antwort auf degradierende Handlungen des Menschen ist.*

Es war Liebig, der aufgrund seiner Forschungen auf dem Gebiet der Nährstoffe schließlich das Gesetz des Minimums formuliert hat. Er stellte fest, daß, wenn die Menge eines einzigen

Nährstoffes für eine bestimmte Pflanze unter einen Mindestwert sank, die Lebensbedingungen dieser Pflanze nicht mehr erfüllt werden konnten.

Nicht etwa, daß die genaue Formulierung Liebigs oder das Schreiben über dasjenige, was in unserem Namen mit den Erzeugnissen der Natur getan wird, auch nur die geringste Veränderung zum Guten zuwege bringt! Wir machen einfach weiter! Schreibt nicht S. A. Wilde in heller Begeisterung, daß »landschaftlich gesehen wertlose, ausgelaugte und saure Sandböden in Nord-Minnesota hochwertige Holzgewinne von nicht weniger als 1000 Festmeter pro Hektar liefern«! Und was muß auf diesem nach Wilde jetzt schon so betrüblich schlechten Boden erst geschehen, wenn auch einmal ein Ende für diese hochwertige Holzproduktion kommt? Es ist offenbar nicht schwer, heute zu jubeln, wenn man erst einige Generationen später die Rechnung für die genossene Festfreude anzubieten wagt.

Ungezählt sind die Beispiele von widersinnigem Holzverbrauch:

– vier ha Wald pro Jahr, um das Papiergeschäft für interne Berichterstattung einer einzigen Technischen Hochschule pro Jahr funktionieren lassen zu können;
– 35 ha Wald, um eine kümmerliche kleine Zeitung nur ein Jahr lang in New York erscheinen zu lassen.

Und andere Beispiele sind genugsam bekannt.

Die degradierenden Handlungen des Menschen beschränken sich jedoch nicht ausschließlich auf den Wald.

Ist Wald, in welcher Form auch immer, ganz und gar nicht mehr möglich, dann folgen Kulturen, die mit einem höheren Säurewert des Bodens vorliebnehmen; aber auch dann noch fährt der Mensch mit seiner degradierenden Arbeit fort. Die Beweidung von Heideflächen mit großen Schafherden, das Sodenstechen, die Anwendung von Brandkulturen und das Begehen von Streuraub sind auch hier wieder Handlungen, die den Zustand des Bodens besonders ungünstig beeinflussen (Bildung von Podsol-Böden).

Auf diesen offenen Feldern ist dann bald eine Situation entstanden, in der die natürlichen Kräfte Regen, Wind und Temperaturschwankungen sich des Bodens bemächtigen können,

*Abb. 27* Wir müssen die Pflanze als Einheit auffassen: Wurzel, Stengel, Blätter, Blüten, Samen.

mit der Konsequenz, daß die degradierende Verarmung stellenweise noch durch erodierende Kräfte fortgesetzt wird.

Beim Ackerbau nimmt die hier skizzierte Entwicklung einen ähnlichen Verlauf, der zum Schluß zur Entstehung unrentabler Böden führt (marginaler Ackerbauboden).

Gerade heute, wo die Nachfrage nach Erholung zunimmt, ist man eher geneigt, diese minderwertigen Böden aus den Ackerbaugebieten abzustoßen zugunsten der Entwicklung von Erholungsgebieten.

Flurbereinigung, verursacht durch einen Drang nach Strukturvergrößerung, zeigt eine Entwicklung in Richtung einer in noch größerem Umfange *monokulturell* orientierten Umstrukturierung des Ackerbaus, mit allen damit verbundenen Gefahren, die Monokulturen nun einmal eignen.

Die abgestoßenen kargen Böden werden vom Menschen gern zur Erweiterung der doch noch knappen Möglichkeiten der vorhandenen Erholungsgebiete akzeptiert.

Karge Böden sind im allgemeinen sehr empfindlich, gerade gegenüber einer Steigerung der Zahl über sie hin laufender Ausflügler. Eine noch größere Zunahme der Anzahl Erholungsuchender bedeutet also den letzten Angriff auf ein doch schon verkümmertes Gebiet, und eine Antwort in regenerativem Sinne, die von der Natur gerade in *diesen* Gebieten müßte gegeben werden können, ist nicht mehr möglich.

Selbst wenn die Natur, trotz dieser äußerst schwierigen Situation, doch noch zu positiven Veränderungen in der Terrainentwicklung imstande ist, wird ihr die Möglichkeit dazu genommen. Auf der Veluwe* gibt es ein kleines Staubsandgebiet, wo sich gegenwärtig bestimmte Flugkiefern ansiedeln wollen. Um dieses aus der Sicht des Erholungsuchenden gesehen attraktive Gebiet als reine Sandfläche zu erhalten, werden jedoch alle Ansiedelungsversuche von Pionierpflanzen durch viel Arbeit wieder zunichte gemacht. Man will dieses Terrain gerade für den Touristen in kahlem Zustand erhalten. Denn man glaubt, daß dies die natürliche Situation sei und daß das Vordringen

---

* Hügelige (Moränen u. Dünen) Wald- u. Heidelandschaft im Norden Gelderlands (z. T. Naturschutzgebiet). Nach den Seebädern das bedeutendste Ausflugs- u. Erholungsgebiet Hollands. (Anm. d. Übers.)

von jeglichem Bewuchs, in welcher Form auch immer, koste was es wolle, verhindert werden müsse!

In den Gebieten, wo noch eine positive Entwicklung möglich ist, wird dieser durch den Menschen entgegengearbeitet, und da, wo keinerlei Antwort von der Natur mehr zu erwarten ist, ist der Punkt der irreversiblen Degradation erreicht.

In seinem Buch *Man's presumptuous Brain* (Des Menschen anmaßender Geist) behauptet A. T. W. Simeons, daß wandernde Volksstämme aus den mesolithischen und neolithischen Perioden unserer Geschichte ihre Lebensweise änderten, nachdem sie zu der einfachen Entdeckung gekommen waren, daß die Fruchtbarkeit der Erde stets wiederkehrt, wenn man die oberste Bodenschicht ständig umwendet. Das Wanderleben dieser Volksstämme hörte auf, und es wurden Niederlassungen von bleibender Art gegründet, die darauf beruhten, daß unberührter Boden zu Ackerbaugebieten kultiviert wurde.

Wenn die spontane Regeneration der Fruchtbarkeit der Erde so einfach zu erreichen und zu erhalten wäre, wie hier behauptet wird, dann wären die Nahrungsprobleme, mit denen die Welt heute zu kämpfen hat, wahrscheinlich niemals oder doch in geringerem Umfang entstanden.

Wir haben so ausführlich über die Degradationsmuster in unserer Kultur sprechen müssen, um ein richtiges Bild von dem zu geben, was geschehen ist, nachdem sich herausgestellt hatte, daß die Erde mehr braucht als ein einfaches Umgraben der obersten Schicht, um ihre Kondition zu erhalten.

*Nichts ist so ernüchternd wie die Erkenntnis der einfachen Wahrheit, daß die Menschheit, was ihre Nahrung angeht, permanent in einer Position der Abhängigkeit von der Fruchtbarkeit der Erde bleiben wird.*

Nicht nur, daß die Erde durch Umgraben der obersten Schicht sich *nicht* regeneriert; diese als nachteilig anzusehende Handlung ist auch noch von allen folgenden Generationen konstant wiederholt und in unseren Tagen durch unser technisches Können selbst noch weiterentwickelt worden. Gegenwärtig ziehen die Bauern wie technisch aufwendig ausgerüstete Soldaten kämpfend zu Felde! Das einfache Umgraben der mesolithischen primitiven Völker hat sich im Laufe der Zeit zu Boden-

*Abb. 28*

*Abb. 29*
*Abb. 30*

*Abb. 31*

*Abb. 28/32*  Wenn man in kleinen Gärten die Bildung von Mikroklimaten günstig beeinflussen will, dann genügt meist die Hinzufügung von einigen Steinen, etwas Schutt, größeren Ästen oder Baumstubben (Abb. 5).

Auf großen Gebieten entsteht dieser Prozeß auf natürliche Weise (Abb. 2 und 6). Auch hier kann der Mensch jedoch eine günstige Entwicklung stimulieren. Die großen Mengen Material, die dafür benutzt werden müssen, müssen so weit wie möglich über das *ganze* Gebiet verteilt werden (keine hohen Stapel an nur einigen Stellen aufhäufen, Abb. 28). Auf diese Weise entsteht schließlich eine Art Terrassenlandschaft. Pfade entstehen während der Ausführung der Arbeit.

Will man die Pfade an wichtigen Stellen deutlicher markieren, dann kann man das erreichen, indem man Stapelmauern errichtet (Abb. 32). Werden zunächst Terrassen von geringer Höhe angelegt, dann wird das Ganze schnell von Pflanzen überwachsen. Die Terrassen dürfen nicht mit einer Schicht Erde bedeckt werden, da sich dadurch die Möglichkeiten für die Bildung günstiger Mikroklimate wieder verringern würden (dadurch werden nämlich die Zwischenräume zugeschüttet).

Wird später weiteres Material hinzugefügt, dann kann man sich mit der Formgebung nach der Form der inzwischen gewachsenen Vegetation richten. So entsteht die Gestalt der Landschaft in einem Prozeß, der sich über längere Zeit hinweg abspielt (Gestaltung in Raum und Zeit).

umwendungsmethoden entwickelt, die bis in große Tiefe vordringen. Wenn wir unsere Denk- und Handelsweise nicht ändern, wird entweder die Umwendungstiefe zunehmen oder der Ertrag abnehmen müssen, denn das Vordringen in größere Tiefe war gerade die Folge der Tatsache, daß die obere Schicht des Bodens nicht mehr imstande war, der stets zunehmenden Nachfrage nach Produktion zu genügen.
Die Kultivierung von Ackerbaugebieten mit Hilfe der hier beschriebenen Methode der Bodenbearbeitung hat jedoch nicht überall auf der Welt den gleichen Verlauf genommen.
Der schon erwähnte Volksstamm der Tsembaga auf Neuguinea ist von einem anderen Standpunkt ausgegangen.
Das Prinzip, aus dem die Kultur der Tsembaga entstanden ist, beruht auf den beiden folgenden Ausgangspunkten:
a. den Energieaufwand so niedrig wie möglich zu halten, und
b. die ursprüngliche Zusammensetzung des Waldes zum Vorbild für die Entwicklung einer Ackerbautechnik zu nehmen.
Wenn dieser Volksstamm von unserer vielgerühmten Entwicklungshilfe für »unterentwickelte Gebiete« verschont bleibt, dann wird es gerade dieser Stamm sein, der noch lange fortbestehen wird, sei es natürlich auch nicht auf dem »hohen Zivilisationsniveau«, das wir erreicht zu haben glauben.
Gerade das Heranziehen des extremen Beispiels der Tsembaga ermöglicht es, die Mentalität des »Natur ausschalten« mit einer Mentalität zu vergleichen, die auf dem »Natur einschalten« beruht.

Gebiete, die die Tsembaga kultivieren mußten, sind zwar dem Urwald entzogen worden, aber sie sind in ihrer Gestaltung eine möglichst getreue Kopie des Vegetationssystems, das in erster Instanz von der Natur selbst an Ort und Stelle entwickelt worden war.
Die Bepflanzung von Kulturböden wird so angelegt, daß eine große Vielfalt von Pflanzen sich in vertikaler Schichtung so ineinanderschließt, daß der Boden denselben Schutz erhält, wie ihn die Anwesenheit einer vollwertigen natürlichen Bewachsung garantiert (Heinrich Walter). Diese große Vielfalt in der Bepflanzung ist eine absolute Bedingung. Arbeit wird auf das beschränkt, was unbedingt notwendig ist. Geerntet wird das,

was konsumiert wird, und der Rest bleibt liegen, um durch direkte Aufnahme in das System wieder als natürlicher Dünger zu fungieren.

Nach ausführlichen Berechnungen hat sich herausgestellt, daß die Schweinekultur, die von diesem Volk betrieben wird, der einzige Luxus ist, den es sich erlauben kann.

Das Fleisch liefert ihnen Nahrung, die reich an Proteinen ist. Die Produktion von tierischer Nahrung für den Menschen muß als eine Form von Luxus angesehen werden, weil sie Energieverlust bedeutet.

Für das Tier ist ein hohes Gewicht an pflanzlicher Nahrung nötig, damit es schließlich ein viel geringeres Gewicht an Fleisch für den Menschen produziert. Alle Energie, die hierfür verbraucht wird, geht dem Menschen in Wirklichkeit verloren! (Der Energieverlust ist bei Schweinezucht am geringsten, 20 % der vom Schwein verbrauchten Energie kommt dem Konsumenten zugute; Maynard, 1954.)

Auch im Hinblick auf die klimatologischen Umstände, die für die Tsembaga ein einschränkender Faktor sind, hat sich die Wahl der von ihnen entworfenen Ackerbaumethoden als richtig erwiesen.

Bei den hohen Temperaturen, die in den Tropen herrschen, findet keine Humusbildung statt. Totes Pflanzenmaterial wird fast sofort umgesetzt, und dieser Umstand ist denn auch einer der Faktoren, durch die, wenn der Boden erst einmal seine schützende Vegetationsdecke verloren hat, beinahe sofort eine Entwicklung in Gang gesetzt wird, die auf den Kulturboden erodierend wirkt. Das Endstadium einer solchen Entwicklung ist meistens die Bildung kahler, harter Böden, denen jeder Bewuchs fehlt (Laterit).

Ob die Arbeitsweise der Tsembaga, die auf eine möglichst geringe Veränderung der ursprünglichen Vegetationsdecke gerichtet ist, von den Häuptlingen und Medizinmännern bewußt entworfen und vor allem, ob die Einschränkungen einer weiteren materiellen Entwicklung ihrer Kultur von allen Stammesmitgliedern ganz und gar freudig akzeptiert worden sind, ist schwer festzustellen.

Die Gefahr ist sehr groß, daß Volksstämme wie die Tsembaga schließlich doch von den ungeheuren äußeren Leistungen un-

Abb. 32

serer auf materiellen Fortschritt ausgerichteten Kultur so beeinflußt werden, daß sie ihren Kurs ändern. Wenn sie von dem blendenden, strahlenden Licht unserer Kultur angelockt werden, dann wird das auf die gleiche Weise an ihre Gefühle von Habgier appellieren, wie das bei ihren Vorfahren der Fall war, die ihre Seele und ihre Seligkeit für Glasperlen, Glas, Spiegel und dergleichen Dinge verschacherten.
Letzteres ist heute natürlich undenkbar; aber es ist ebenso undenkbar, daß diese Stämme starken Herausforderungen unserer Kultur bleibenden Widerstand entgegensetzen können. Es ist zu hoffen, daß sie inzwischen einen Blick für die Folgen bekommen haben, die sie erwarten, wenn sie eines Tages ihr System ändern und dem der auf Degradation hinauslaufenden Kulturen angleichen würden.

Es scheint sicherlich vollkommen unsinnig, unseren hochentwickelten Kulturstaat mit einer äußerst primitiven Gesellschaftsform zu konfrontieren, um so mehr, da wir am Beginn eines neuen Zeitalters stehen, des Atomzeitalters.
Durch unsere atomphysikalischen Kenntnisse scheinen die Energieprobleme *de facto* gelöst, und ein Rückschritt ist nun einmal nicht mehr möglich; warum werden hier also die Probleme von Nahrung und Energie nochmals zur Sprache gebracht?
Frankreich, das als erstes Land mit der Gewinnung von Energie experimentiert hat, indem es Kräfte benutzte, die durch den Rhythmus von Ebbe und Flut frei werden, hat damit wohl Erfolg gehabt, hat aber gleichzeitig wissen lassen, daß diese experimentelle Forschung nicht fortgesetzt werden wird! Es bleibt also bei einem einzigen kleinen Gezeitenwerk. Warum? Weil die weltweite Nachfrage nach Energie so überwältigend ist, daß es nicht genug Küsten geben würde, um auf diese Weise der Nachfrage nach Energie entsprechen zu können.
Wenn in Zukunft schon für die Energieversorgung des kleinen Holland 30 Kernkraftwerke nötig sind, wie viele müßten dann auf der ganzen Welt gebaut werden? Ist das weltweit möglich, ohne schädliche Folgen für Wasser, Nahrung und Milieu?
Solange das Energieproblem nicht für die ganze Welt so gelöst ist, daß ein Milieu erhalten bleibt, in dem die Nahrungsmittel-

57

versorgung in keiner Weise gefährdet ist, so lange gehört es noch zu unserer Verantwortung, weiter nach anderen Wegen zu suchen, da eine Welt, die über unendliche Energiemengen verfügt, deren Nahrungsmittelproduktion jedoch zurückgeht, keinerlei Lebensfähigkeit hat. Gerade weil immer deutlicher wird, daß mit dem Fortschritt der Technik das Milieu in jedem Falle immer nachteiliger beeinflußt werden wird, ist die Lösung eines der beiden Probleme völlig unabhängig vom anderen eine unmögliche Aufgabe.

Der Biologe und Nobelpreisträger Albert Szent-Györgyi hat das kleine Buch *The crazy Ape* (Der verrückte Affe) geschrieben. Das folgende Zitat daraus hat mich sehr fasziniert: »Das Maß, in dem der Mensch die Natur versteht und von ihren Kräften Gebrauch zu machen weiß, ist die Voraussetzung für die Qualität und das Niveau des menschlichen Lebens.«

Ist Atomkraft denn keine Naturkraft? Ist es nicht eine unvorstellbare Leistung unserer Generation, die Kraft, die »unteilbare« Teilchen Materie zusammenhält, für unsere Gesellschaft nutzbar zu machen, gerade zu dem Zeitpunkt, da die fossilen Brennstoffe sich mehr und mehr erschöpfen? Ist es die Absicht des Autors, mit dem Titel *Verrückter Affe* eine nicht besonders freundliche Bezeichnung für auf naturwissenschaftlichem Gebiet hochentwickelte Individuen zu geben? Verstehen nur die Biologen »die Natur«? Eine Erweiterung des angeführten Zitates von Szent-Györgyi, in den Worten des Autors selbst, macht allerdings viel verständlicher, was er meint, nämlich, »daß das Verhältnis Mensch/Natur in früheren Zeiten sehr stark durch *persönliche Erfahrung* bestimmt wurde«.

Dann sind die nackten Tsembaga in einer günstigeren Position als die gut gekleideten Städter in ihren gigantischen Bunkern aus Beton, mit allem Komfort ausgerüstet, aber jeglichen Kontaktes mit der Natur, in welcher Form auch immer, beraubt.

In direktem Zusammenhang mit diesem zweiten Teil des Zitats von Szent-Györgyi über den Beziehungsverlust zwischen Mensch und Natur kann hier die kurze Beschreibung zitiert werden, die Maurice Mességué von seinem Vater (einem Bauern und Kräuterspezialisten) gibt, der in Gavarret (Provinz Gers in Frankreich) lebte:

»Die Erde, die liebte er auf seine Weise, er bearbeitete sie nicht, er betrachtete sie. Sie war sein Buch der Erkenntnis von Gut und Böse! Er verbrachte Stunden damit, dies alles zu lernen! Er tat nichts!«

Die anderen Bewohner seines Dorfes begriffen dies kaum.

»Mein Vater verbrachte sein Leben mit Nachdenken, mit Beobachtungen, und man glaubte, er sei gelähmt.«

Aber wie sollte dieser kontemplative Bauer aus Gavarret in unserer Welt irgendeine Bedeutung haben, vernarrt wie wir sind in exakte wissenschaftliche Arbeit!

Einstein und dieser Kräuterbauer sind ein ebenso großer Gegensatz wie Nord- und Südpol.

Der Titel eines Buches von Max Dendermonde, *De Wereld gaat aan vlijt ten onder* (Die Welt geht an der Arbeit zugrunde), kommt dem Weltbild dieses »gelähmten« Sonderlings schon näher.

Was sollte uns eigentlich daran hindern, dem weisen Vorbild des Bauern aus Gavarret zu folgen, d. h. uns nutzloser Arbeit zu enthalten?

Der alte Mességué steht dem Gedankengang sehr nahe, über den in diesem Buch geschrieben wird. Im Grunde ist er nämlich Befürworter einer dynamischen Einstellung unserer Umgebung gegenüber, und wie wir schon früher festgestellt haben, ist es das äußere Kennzeichen eines solchen Menschentyps, daß er die Natur arbeiten läßt und selbst zuschaut.

Können wir eine direkte Beziehung zwischen Mensch und Natur herstellen, in der der Mensch wieder mehr über die natürlichen Gegebenheiten erfahren kann? Szent-Györgyi macht eine solche Erfahrung zur Bedingung!

In unserer überorganisierten Gesellschaftsstruktur mit ihrem Heer von Instanzen und Personen mit amtlicher Autorität ist diese Bedingung fast nicht mehr zu erfüllen.

In Holland ist mehr als die Hälfte der berufstätigen Bevölkerung im Dienstleistungssektor tätig.

In diesem Falle tritt der Beziehungsverlust unmittelbar auf, denn gerade der Anteil an eigener Aktivität ist bestimmend für den als notwendig angesehenen Kontakt. Da wir, in unserem Drang nach Organisation auf fast jedem Gebiet, auch noch die

Form bestimmen, in der der Mensch seine Freizeit verbringen muß, ist es selbst in dieser zur Verfügung stehenden Zeit nicht mehr möglich, die Wiederherstellung dieser Relation zu bewerkstelligen.

Zu festgesetzten Zeiten begeben sich Millionen Menschen aus den Städten auf vorher ausgesuchten Asphalt- und Betonstreifen in Erholungsgebiete, die sich in Form und Anlage kaum merklich von den Städten unterscheiden, aus denen man soeben ausgezogen ist. Diese Organisationsform des Lebens und Denkens breitet sich wie ein Ölfleck über die ganze Welt aus.

Für Menschen, die innerhalb dieser strengen Organisationsform leben, ist eine Entwicklung im Sinne der Wiederherstellung einer Beziehung kaum vorstellbar. Und doch, Szent-Györgyi hat recht, es wird in der Zukunft etwas in dieser Richtung geschehen müssen.

Wenn es einen Ort gibt, an dem wir Erfahrungen sammeln können in bezug auf das, was mit unserer Umgebung geschieht, wenn wir die Maschine nicht mehr als Credo der schöpferischen Arbeit des Menschen betrachten, dann ist das unser Garten.

Wenn wir die Bodenoberfläche der Tsembaga-Kultur mit der der ganzen Erde vergleichen, dann ist dies Ländchen, in dem eine Handvoll Menschen lebt, eine kaum wahrnehmbare Größe.

Umgekehrt proportional zu dieser Größe ist die Bedeutung eines solchen Gebietes, weil dort nach Prinzipien gearbeitet wird, die denjenigen, von denen unsere Kultur ausgeht, diametral gegenüberstehen.

Für die glücklichen Besitzer eines Stückchens Erde, das im Verhältnis noch kleiner ist als ganz Tsembaga-Land, kann dieses Stückchen Erde doch sehr große Bedeutung haben, weil sie dadurch wieder mit natürlichen Elementen in Beziehung treten können.

Eine Vergrößerung dieser Oberfläche durch Schrebergärten, Erholungsgebiete und das, was man mit dem Begriff »öffentliche Grünanlagen« zu bezeichnen pflegt, ist natürlich denkbar.

Unsere Erde ist erschöpft. Die technokratischen Feldschlachten, die sich ständig im Namen der Menschheit auf der Erdoberfläche abspielen, haben große Gebiete in unwirtliche, trostlose Flächen verändert. Und da, wo der Mensch seinen Garten bearbeitet, ist er immer noch dabei, ein schwaches Echo von Entwicklungen zu realisieren, die vor allem im 19. Jahrhundert ihren Anfang genommen haben.

In der Nachfolge des rational gerichteten Denkens wurde den Gärten in jener Zeit eine streng gradlinige Form gegeben. Diese Auffassung ist die Ursache der Art von Stadtplanung, wie wir sie heute entwickelt haben.

Nachdem alle Bauaktivitäten in einem Ausbreitungsgebiet beendet sind und alle technische Apparatur in neu zu entwickelnde Stadtteile transportiert worden ist, tritt Ruhe ein. Diese Ruhe läßt an eine Situation denken, die zu vergleichen ist mit der nach dem Passieren einer Front im Kriege. In eine solche Situation gestellt, sehen wir keine andere Möglichkeit, als nach dem Spaten zu greifen, alles zu reinigen, zu egalisieren und umzugraben, ohne uns zu fragen, ob das nun wohl gerade die richtige Methode sein sollte.

Es wäre bei weitem vorzuziehen, die Situation zu akzeptieren und neuen Energieverlust in der Form nutzloser Grab- und Egalisierungsarbeiten zu vermeiden, da gerade die Vielfalt, die in dem Neubaugebiet entstanden ist, eine natürlichere Voraussetzung ist als die flache Phantasielosigkeit, die wir einführen, wenn wir alles »in Ordnung« bringen.

Aber Umgraben ist doch ausgezeichnet für den Boden!

Für den Ackerbau können wir dem bis zu einem gewissen Grade zustimmen, und in jedem Falle ist es besser als ein Eingriff größeren Umfanges wie das Pflügen.

Hier muß nun erst eine kleine Erläuterung über die Boden formenden Prozesse gegeben werden, damit wir sehen können, warum Zicsi recht hat, wenn er behauptet: »Fast jede Bodenbearbeitung ist ein brutaler Eingriff in das biologische Bodengeschehen.«

*Gerade weil der biologische Prozeß im Boden das Eingreifen des Menschen keineswegs notwendig macht, müssen wir diesen Prozeß in großen Umrissen gut vor Augen haben, ehe wir beschließen, zum Handeln, in welcher Form auch immer, überzugehen.*

Am Anfang war die Erde wüst und leer.

Daß an diese Situation, die für die Entstehung aller nur möglichen Formen von Leben extrem ungünstig genannt werden kann, noch vor dem Auftreten des Menschen ein Ende gekommen war, muß man als Beweis dafür ansehen, daß menschliche Arbeit für das Auslösen Boden entwickelnder Prozesse als von keinerlei Bedeutung zu betrachten ist.

Es gibt vier Faktoren, die hauptsächlich die Bildung von Boden als Träger aller Formen pflanzlichen und tierischen Lebens möglich gemacht haben. Der erste ist die steinerne Oberfläche von Mutter Erde selbst. Durch Unterschiede im Relief und durch einen sich stets ändernden Stand der Erde gegenüber der Sonne als Wärmequelle entstehen Temperaturunterschiede.

Diese Temperaturunterschiede können als zweiter wichtiger Faktor genannt werden, denn gerade der Temperaturanstieg und -abfall ist die Ursache dafür, daß große Steinstrukturen zu sehr kleinen Einheiten abgebaut werden. Die Metalle, die einen Bestandteil der physikalischen Zusammensetzung des Steinmaterials bilden, werden in der Form von Ionen frei als Nahrung für Pflanzen. Der Prozeß der Bodenbildung kann erst in Gang kommen, nachdem die großen Steinmassen in kleine Einheiten umgeformt worden sind.

Beide Faktoren, Stein und Temperaturunterschied, wirken also eigentlich so aufeinander ein, daß ihre Beziehung zueinander eine Art Kreisbewegung bildet, denn der eine Faktor ist, was seine Existenz angeht, vom anderen abhängig. Die beiden anderen Faktoren stehen in einem ähnlichen Verhältnis zueinander, nämlich die Tiere in ihrer direkten Beziehung zu den Pflanzen.

Die Pflanzen als dritter Faktor bedecken die ganze Erde; aber das Leben von Pflanzen ist wiederum nicht möglich, wenn die Tiere nicht gleichzeitig mit der Umsetzung der Pflanzen als ihrer Nahrung beginnen.

Erde und Temperatur, Tiere und Pflanzen in ihrer Beziehung zueinander sind die vier Eckpfeiler, auf denen alles irdische Leben ruht.

Zu diesen vier kommt noch das Wasser.

Wasser ist gerade für die kleinsten Teilchen der Materie (Metalle, Ionen) ein Feind, weil durch anhaltenden Regenfall oder durch Grundwasseraktivitäten wichtige Ionen abgeführt, weggespült werden können.

Zwei Bestandteile, die den Prozeß der Bodenbildung in hohem Grade bestimmen, sind Ton und Humus, und sie sind zugleich die natürlichen Wächter, die der Ausspülung entgegenwirken. Dies erklärt, warum Sandboden, wenn Ton und Humus fehlen, immer dazu verurteilt sein wird, armer Boden zu bleiben. Gerade diese armen Böden glaubte man mit Hilfe von Kunstdünger weitgehend umstrukturieren zu können. Aber wenn die Ausspülung der natürlichen Nährstoffe ohnehin schon schnell vor sich geht, dann ist das sicher noch stärker der Fall, wenn reine Kristallformen vorliegen, die sich sofort auflösen und dann in kurzer Zeit weggespült werden können.
Da es nicht möglich ist, Sand Ton beizufügen, Humusentwicklung auf Sand jedoch sehr gut möglich ist, ist letzteres das geeignete Mittel, um eine Bodenverbesserung zu erreichen.
Es steht fest, daß nach der letzten Eiszeit, unter den heutigen atmosphärischen Bedingungen, noch stets neuer Boden gebildet wird. Die bindenden Prozesse zwischen Humuskomplexen und Ton und die Verarbeitung all dieser Materialien während des Stoffwechselprozesses der Bodenbakterien, Regenwürmer und dergleichen lassen schließlich Boden entstehen, aber in heutiger Zeit sind diese neu gebildeten Erden weniger stabil.
Das Eindringen von Sauerstoff läßt sie schnell auseinanderfallen, und nur in einem Boden, der so wenig wie möglich gestört wird oder in den keine großen Mengen Sauerstoff eindringen können, wird dieser Abbau auf ein Minimum beschränkt werden. Umgraben ist darum schädlich.
Um zu verhindern, daß die ausspülbaren Stoffe für den Boden verlorengehen, ist das Vorhandensein von Humuslagen absolute Bedingung. Auch die gröberen Teile des Humus, nämlich Holz in Form von Ästen, Zweigen oder Teilen von Stämmen, dürfen nicht entfernt werden.
Einer der Baustoffe von Pflanzenzellen und vor allem von holzartigen Gewächsen ist Lignin. Neuere Untersuchungen haben gezeigt, daß dieses Lignin die leicht ausspülbaren Nährstoffe, die durch die absterbenden Pflanzenteile dem Boden zurückgegeben werden, festhält. So werden z. B. die Proteine an das Lignin gebunden.
Pilze finden ihren Nährboden vornehmlich da, wo viel Lignin abgebaut werden muß.

Abb. 33

Dadurch, daß der Zersetzungsprozeß von Holz langsam vor sich geht und mehrere Stadien durchläuft, bestehen dementsprechend viele Möglichkeiten für Bakterien, Insekten, Schimmel und andere Pilze, an diesem Zersetzungsprozeß teilzunehmen.

Wenn man Holz und Pflanzenreste, die verstreut auf dem Boden liegen, umgräbt, wird der Zersetzungsprozeß gestört. Umgraben ist also nachteilig. *Nicht* umgraben bedeutet Erhaltung von Energie.

Daß die Nährstoffe für die Pflanzen in einer natürlichen Situation auf vielerlei Weise im Boden festgehalten werden, ist darum so wichtig, weil eine Pflanze dann während ihrer ganzen Entwicklung, auch wenn diese Jahre dauern sollte, über die nötigen Nährstoffe verfügen kann.

Abb. 34

Abb. 35

*Abb. 33/34/35* Durch die Art und Weise, wie der Mensch die Kulturlandschaft gestaltet hat, hat er zugleich großen Einfluß auf das Verhalten des Wassers ausgeübt. Zunächst betrug sich das Wasser infolge dieser Veränderungen unbeherrschter. Das Kahlschlagen der Wälder hatte nämlich zur Folge, daß die Zufuhr von Wasser weniger regelmäßig verlief. Die Unterschiede in der Zufuhr von Wasser wurden größer: hohe und niedrige Wasserstände wechselten einander in immer schnellerem Tempo ab. Erreichte der Wasserstand eine Rekordhöhe, dann wurde diese vom Menschen auf der Mauer seiner bedrohten Wohnung markiert (Abb. 35). Aber das Wasser verursachte nicht nur Schaden.

Durch Tonerdeablagerungen nahm die Fruchtbarkeit zu. Das Aufkommen des Kunstdüngers führte dazu, daß der Mensch in bezug auf die Fruchtbarkeit des Bodens weniger abhängig wurde von der oft launischen Natur. Die Entwicklung der Technik befähigte ihn außerdem dazu, das Wasser in anderer Weise zu nutzen (Wasser als Energiequelle – Elektrizität). Kommende Generationen werden wiederum das Wasser in Anspruch nehmen müssen, um neue Formen der Energiegewinnung realisieren zu können. Die Prognose für die Zahl der in Europa zu bauenden Kernkraftwerke für die kommenden fünfzig Jahre ist ungefähr 380 (Niederlande 30, England 80, Frankreich 120, Deutschland 150). Damit wird der Bedarf an großen Mengen Kühlwasser zunehmen. Es ist möglich, daß einst, in nicht allzu ferner Zukunft, der Mensch statt zu hoher Wasserstände zu hohe Temperaturen auf den Wänden seiner Wohnung markieren wird.

Der große Unterschied zu den hohen Wasserständen früherer Zeiten liegt darin, daß, wenn die Temperatur wieder auf ein normales Niveau gesunken ist, sich zeigen wird, daß die Fruchtbarkeit der Erde nicht zugenommen hat.

Die Maßnahmen, die der Mensch notgedrungen in bezug auf das Wasser wird treffen müssen, werden zur Ursache dafür werden, daß das Wasser immer weniger auf natürliche Weise funktionieren kann.

Für den Bauern ist dieser Lauf der Dinge allerdings gerade ungünstig! Eine einzige Ernte, die er einholt, beraubt den Boden in einem einzigen Zuge, manchmal sogar mehrmals pro Saison, vieler Nährstoffe. Damit für die folgende Ernte wieder eine ebenso große Menge an Nährstoffen im Boden anwesend ist, muß man diese hinzufügen. Für den Bauern ist es nicht nur unmöglich, auf ein langsames natürliches Angebot von Nährstoffen für seine Gewächse zu warten, sondern darüber hinaus durchkreuzt er auch noch mit seinen Auffassungen von Ackerbautechnik das ganze natürliche System.
Der Abtransport allen Pflanzenmaterials während der Ernte verhindert, daß die notwendige Menge organischer Stoffe (5 % bis 6 %) erhalten bleibt.

Der Garten und viele Gebiete, die für die Erholung bestimmt sind, können jedoch den nachteiligen Folgen entgehen, die, als Konsequenz der Diktatur unseres einseitigen Denkens, immer deutlicher sichtbar werden. Und mag auch die Oberfläche dieser Gebiete in keinem Verhältnis zur Oberfläche derjenigen Gebiete stehen, auf denen der technokratische Mensch mit seinen gigantischen Maschinen noch immer keine Notiz davon nimmt, daß es möglicherweise auch andere Wege für ihn gibt, so besteht für uns selbst doch die Möglichkeit, hier etwas über den natürlichen Prozeß zu erfahren.
Wenn ein Autofahrer zu mir sagt, indem er von seinem Auto aus auf einen Invaliden in einem Wägelchen am Straßenrand zeigt: »Wie traurig, nicht wahr, der Mann kann seine Beine nicht gebrauchen. Zu denken, daß einem selbst so etwas passieren könnte, daß man sein ganzes Leben lang in einem Wagen sitzen müßte«, dann antworte ich ihm mit einer Gegenfrage: »Und was tun Sie?«
Wir wenden Millionen auf, um Körperbehinderte zu rehabilitieren, damit sie sich wieder bewegen können, wie es von einem gesunden Menschen, als natürlichem Mechanismus, erwartet werden kann. Auf der anderen Seite werden Milliarden aufgewandt für die Produktion unzähliger Maschinen, um den gesunden Menschen daran zu hindern, entsprechend seinem Platz im natürlichen Mechanismus normal zu funktionieren. Wenn man es recht betrachtet, leben wir in einer ungeheuerli-

*Abb. 36/37* Es ist möglich, in Gärten, selbst in sehr kleinen, das Wasser auf natürlichere Weise funktionieren zu lassen. Wir können das Regenwasser, das sonst unbenutzt abfließt, wieder in den Garten zurückleiten. Durch ein unterirdisches Rohr, das mit der Regenrinne des Hauses in Verbindung steht, wird das Wasser in ein kleines eingegrabenes Becken geleitet (Metall, Plastik). Den Eingang des Rohres in das Becken können wir verbergen, indem wir einen großen Stein darauflegen (Abb. 36, oberer Rand). In das Becken selbst setzen wir keine Pflanzen, wohl aber direkt an die Außenseite, gegen das Becken an. So kann die Wasseroberfläche niemals zuwachsen, und es bleibt der Eindruck eines kleinen offenen Brunnens bestehen.

Da die Regenzufuhr nie konstant ist, wird das Becken zu verschiedenen Zeiten voll- und überlaufen. Dadurch unterliegt der Wasserstand außerhalb des Beckens Schwankungen. Bei heftigen Regengüssen ist es sogar möglich, daß kleine Gebiete während kurzer oder langer Perioden ganz unter Wasser geraten. Durch diese ständigen Veränderungen im Wasserhaushalt sind verschiedene Vegetationsformen möglich.

Auf Abb. 37 ist zu sehen, daß infolge des Loches, das das Becken innerhalb der Vegetation bildet, ein permanentes Randgebiet entsteht. In Randgebieten ist die Vielseitigkeit der Pflanzenzusammenstellung stets größer. Der Durchmesser des hier verwendeten Beckens beträgt ungefähr 1,50 m.

Abb. 36

Abb. 37

chen, invaliden Kultur, in der die Erscheinung eines Menschen, der dieser technischen Diktatur entkommen will, als verdächtig und asozial qualifiziert wird.
Es ist kaum anzunehmen, daß Ortega y Gasset sich den »Aufstand der Massen« in so dekadenter Form, nämlich als ein Heer motorisierter Invaliden, vorgestellt hat.

Natürlich können wir nicht ohne Werkzeuge auskommen. Nachdem ich begonnen hatte, Gartengeräte anzuschaffen, so wie es von einem erwartet wird, nämlich zuviel und bei näherer Betrachtung vollkommen unnützes Material, bin ich nun bei nur noch drei wesentlichen Geräten angelangt, nämlich: Spaten, Säge und Gartenschere. Den Rest habe ich als völlig überflüssig weggeworfen.
Spaten, um Pflanzen und Bäume in die Erde zu setzen (niemals zum Umgraben!), Säge, um eventuell Pflanzenmaterial, das keine Funktion mehr hat, wieder umzusägen (und dann an Ort und Stelle liegenzulassen), und Schere schließlich, um hier und da Zweige, die im Wege hängen, zu entfernen (sofort zerkleinern und dann wieder auf dem Boden ausstreuen).

Warum ich mich nicht mehr zu all den enthusiastischen Gärtnern geselle, die Loblieder auf das Umgraben anheben, ist inzwischen bereits durch einige wichtige Argumente erklärt. Vom Gebrauch der Hacke kann aus denselben Gründen abgeraten werden. Zudem werden durch dieses Gerät allen schädlichen Handlungen noch einige besonders schädigende hinzugefügt.
Eine Hacke wühlt gerade in dem Teil des Bodens herum, in dem die von der Natur entfaltete Aktivität am größten ist.
Es ist ein typisches Kennzeichen aller Randgebiete, daß gerade in ihnen die größte Aktivität herrscht. Der Begriff Randgebiet ist zu definieren als der Punkt, an dem zwei oder mehrere landschaftliche Elemente verschiedener Struktur aufeinandertreffen. Meer und Luft treffen einander in einem Randgebiet, nämlich der Oberfläche des Meeres. Nun gilt für beide sich begegnenden Strukturen, daß dicht an der Berührungsfläche die größte Aktivität herrscht, also in der obersten Schicht des Wassers ebenso wie in der untersten Schicht der Luft.
Die zu bearbeitende Erdoberfläche ist genauso eine Berüh-

rungsfläche zwischen zwei Sphären, nämlich Erde und Luft; darum herrscht in der obersten Erdschicht die größte Aktivität. Diese Aktivität verringert sich stark, wenn wir in tiefere Erdschichten vordringen. Findet man z. B. in der oberen Schicht von 0 bis 7 cm 2000 Bakterien in einer bestimmten Menge Erde, so ist diese Zahl in einer Tiefe von 120 bis 140 cm auf eine Bakterie reduziert. Dasselbe gilt in ungefähr gleichen Proportionen für Fungi, Algen, Actinomyceten und viele andere Arten von Lebewesen.

Ein ungünstiger Faktor für die Stimulierung des Lebens im Boden ist das Sonnenlicht. Eine Durchschnittstemperatur von 20° bis 30° C (also weder extrem heiß noch kalt) ist z. B. für die Entwicklung einer Vegetation optimal.

All diese notwendigen Bedingungen werden erfüllt in einem Boden, der unter dem ständigen Schutz einer Humuslage und/ oder Pflanzendecke liegt.

Außerdem nimmt die Aktivität der Bodenbakterien in der Nähe von Wurzeln und Pflanzen sehr stark zu. Je dichter eine Bodenschicht von Wurzeln durchzogen ist, desto größer die Bodenaktivität.

Von dem Augenblick an, in dem wir dem Gärtner abguckten, wie dieser den Boden zwischen seinen in Reihen gesetzten Gewächsen kultivierte, von dem Augenblick an griffen auch wir zur Hacke, und von dem Augenblick an ging eine ganze Reihe von Dingen schief. Die eine falsche Schlußfolgerung reihte sich an die andere, und trotz allem benutzten wir weiter die Hacke.

Was waren nun die Folgen des Abguckens von einem Vorbild, das *de facto* für uns kein Vorbild sein darf?

Für einen Berufsgärtner ist die folgende Argumentation, wenn er dem zitierten Beispiel der Tsembaga nicht folgen will oder nicht folgen kann, akzeptabel: In einer einzigen Saison muß der Boden ein bestimmtes Produkt liefern. Das Unkraut, das als unerwünschte Begleitkultur auftritt, beansprucht dann in der Tat eine bestimmte Menge der zur Verfügung stehenden Nährstoffe. Wenn das gejätete Unkraut auf dem Boden liegenbleiben könnte, wäre es für eine folgende Ernte nützlich, aber der Boden muß sauber sein, weil sonst die technischen Apparate und Maschinen nicht benutzt werden können.

*Abb. 38*

Infolgedessen stehen die Zuchtprodukte des Gärtners in ordentlichen Reihen auf sauberem Boden.
Mit Vorliebe wird bei warmem Wetter gehackt, weil dann in der brennend heißen Sonne die unerwünschten Gewächse direkt vertrocknen.
Das ist in jedem Falle schon ein Minuspunkt für die Erhaltung einer guten Bodenstruktur. Ein zweiter, noch viel nachteiligerer Faktor kann dann auch sofort seinen Einfluß geltend machen, nämlich die direkte Sonnenbestrahlung auf den Boden. Die aufgelockerte Oberschicht des kultivierten Bodens wird durch diese Wärme dermaßen trocken, daß sie eine pulverartige Struktur annimmt. Bei Wind kann diese Pulverschicht wegwehen (Bodenverlust). Wenn das nicht geschieht, dann verstopft diese pulverisierte Erde das Kanalsystem, das im Boden

*Abb. 38/39/40* Projekt Kennedylaan\*, Heerenveen.
Bepflanzung innerhalb von Städten. Da die Kulturzentren in Zukunft immer mehr von kultivierten Böden umschlossen sein werden, die aus ökonomischen Gründen so großflächig wie möglich angelegt werden, ist es notwendig, der Stadt die Funktion einer Oase zu geben.
In Städten, die ganz von großen Waldkomplexen eingeschlossen sind, wird man besser nicht auch noch eine Baumbepflanzung innerhalb der Stadt anbringen; in dieser Situation wirken offene Wiesen als Erholung. Umgekehrt wird man im Zentrum von Städten, die umgeben sind von offenem, flachem und kahlem Gebiet, für hoch wachsende Bepflanzung sorgen; die Stadt kann von einer Mauer von Pflanzen umgeben werden.
Es hat keinen Sinn, eine Bepflanzung so anzulegen, daß ein bestimmter, verlorengegangener Landschaftstyp rekonstruiert wird. Die Form der Bepflanzung muß so weit wie möglich als Antwort auf die architektonische Formgebung entstehen. Nachlässig gestaltete Pfade ergeben einen Gegensatz zu allzu geradlinig angelegten Straßen. Je weiter der Garten in die Stadt eindringt, desto bewußter kann die Formgebung sein. Im Gegensatz zu den kastenförmigen Wohneinheiten können in den Gärten gerade kleinflächige Steinformationen angebracht werden (Abb. 39). Für den Aufbau einer vielseitigen Bodenstruktur kann Material verwendet werden, das meistens als Abfall angesehen wird *(recycling)*.

---

\* Nach den Prinzipien des Autors angelegter Stadtteil von Heerenveen (Friesland). (Anm. d. Übers.).

Abb. 39

Abb. 40

durch das regelmäßige Abfließen von Regenwasser entstanden ist. Das Regenwasser folgt den Gängen, die durch Bodenbakterien und Regenwürmer gebildet worden sind, aber es nimmt seinen Weg z. B. auch durch Gänge, die durch das Wurzelgeflecht von Pflanzen geformt werden. Alle lebenden Organismen, die in dieser außerordentlich wichtigen Bodenschicht am Werke sind, machen diese Schicht porös. Wenn diese poröse Schicht durch Humus abgedeckt und mit einem Pflanzenkleid versehen ist, dann kann die poröse Struktur nicht durch heftig niederströmendes Regenwasser zerschlagen werden. In einer solchen Situation ist das Abfließen von Wasser also besonders gut geregelt.

Durch Hacken wird Humusbildung unmöglich gemacht. Außerdem liegt nun die pulverisierte Erdschicht als lose, staubende Schicht auf dem feinmaschigen System der darunterliegenden Erdschichten.

Durch die Kraft, mit der die Regentropfen auf diese feine, getrocknete Erde fallen, wird die feinmaschige Bodenstruktur noch weiter verstopft.

Außerdem ist eine lose Pulverstruktur sowieso schon ein sehr schlechter Untergrund für darauffallendes Wasser, denn die Tropfen können kaum aufgenommen werden. Je trockner und lockerer der Boden, desto größer die Gefahr, daß dicke, rollende Wassertropfen einen Weg über das Terrain hin suchen, statt dem direkten Weg zu folgen, vertikal in die Erdoberfläche hinein, wie es normal ist.

Diese einzelnen, rollenden Tropfen verbinden sich mit anderen Tropfen zu größeren Einheiten. Dadurch bilden sich kleine Rinnen, die Strömungsgeschwindigkeit nimmt zu, die Rinnen werden breiter, mit anderen Worten, es setzt eine erodierende Wirkung ein.

Wir haben das Hacken vom Bauernhof übernommen, ohne uns zu fragen, ob wir uns auch in der gleichen Situation wie der Bauer befinden, ob wir nämlich auch einen Betrieb führen. Ist das nicht so, dann kann dieser höchst nachteilige Eingriff, genauso wie das Umgraben, in Zukunft ruhig unterlassen werden.

Unser Garten ist keine Basis für einen Produktionsbetrieb, und der natürliche Prozeß, der für dieses Stückchen Erde gelten würde, wenn sich niemand darum kümmerte, wird für uns der Ausgangspunkt unserer Arbeits- und Behandlungsmethode für dieses Gebiet sein müssen. Die meisten Handlungen, die wir verrichten, geschehen jetzt nämlich oft noch ohne das geringste Verständnis für die Komplexität des Ganzen, in das wir, als handelnde Menschen, gestellt sind.

R. Tüxen drückt das folgendermaßen aus:

»Sie sollten aber viel mehr das Ganze im Auge haben. Das Ganze muß aber von der Seite des Lebens her *gesteuert* werden, von der Seite der Biologie, um nicht zu sagen von der Seite der Vegetation – denn diese ist der erste betroffene Patient – und nicht von der Seite des Menschen her! Aber nicht von der Seite der Mathematik, von der reinen Physik und der reinen Technik.«

Die Prozesse, die sich im Boden abspielen, müssen als ein einziger kontinuierlicher Prozeß aufgefaßt werden.
Von seiner technokratischen Einstellung her kann der Mensch diesen Prozeß nur sehr schwer stimulieren. Wenn er jedoch bereit ist, dies zu lernen, dann muß er bescheiden eine nur begleitende Haltung annehmen.
Es sind durchaus nicht nur die allerkleinsten Organismen im Boden, die für den Fortbestand der Lebensmöglichkeiten von Pflanze, Tier und Mensch von fundamentaler Bedeutung sind.
Mein Garten wird von zahlreichen Vogelarten aufgesucht. Ihre Zahl ist viel größer als in Gärten, in denen größtmögliche Ordentlichkeit das Endziel sinnvoller Gartenarbeit zu sein scheint.
Für diese Situation gibt es eigentlich nur eine Erklärung, nämlich die, daß jedes lebende Wesen die Möglichkeit haben muß, sein Haus, sein Habitat, seinen *oikos* bauen zu können.
Wenn der Prozentsatz an Kalk im Boden nicht so ist, daß bestimmte Schneckenarten ihr Haus bauen können, dann ist die wichtigste Voraussetzung für diese Schnecken nicht mehr erfüllt und es wird für sie unmöglich sein, auf diesem Boden zu leben. Vögel, die sich mit Vorliebe von diesen Schnecken ernähren, sind an den Gebieten nicht interessiert, wo diese Nahrung nicht mehr zu finden ist. In diesem Fall kann das Fehlen von Nahrung die Antwort auf die Frage sein, warum bestimmte Tierarten permanent durch Abwesenheit glänzen.
Über die Schnecken jedoch später noch ausführlicher, um zu erklären, welche Voraussetzungen außerdem noch erfüllt werden müssen, auch wenn Kalk in ausreichender Menge vorhanden ist, um günstige Lebensbedingungen für diese wichtige Gruppe von Tieren zu schaffen. Die oben besprochene Notwendigkeit des Vorhandenseins von Humus ist nämlich nicht nur von unmittelbarer Bedeutung für das Funktionieren wichtiger Bodenprozesse, sondern sie ist auch eine der Bedingungen, die von Tieren für den Bau ihrer Behausung gestellt werden.
Die dicke Streulage, die eine permanente Bedeckung des Bodens bilden muß, gibt durch ihre Zusammenstellung vielen Vögeln von verschiedenem Gefieder die Möglichkeiten, ihre Nester zu bauen.

Diese Bedingung ist jedoch in beinahe keinem einzigen Garten erfüllt, aufgrund der statischen Form der Gartenpflege. Die leeren, sauberen Gärten liefern einfach in keiner Weise die nötigen Bauelemente, und darum können Vögel, die ihrerseits wieder ein äußerst wichtiges Bindeglied im dynamischen Prozeß sind, nicht dorthin kommen.

Das Vorhandensein von Nahrung ist also niemals der einzige Faktor, der für die An- oder Abwesenheit verschiedener Formen von Leben entscheidend ist. Von ebenso großer Bedeutung ist die Frage, ob Möglichkeiten zum Wohnen und Nisten gegeben sind.

Jahrelang befand sich in der Krone einer der hohen Eichen, die eine Begrenzung meines Gartens bilden, ein großes Elsternnest. Schließlich wurde es, wie das mit jedem Bauwerk zu geschehen pflegt, verlassen. Stürme suchten die Baumreihe heim und die Kronen seufzten und stöhnten im Wind. Oft habe ich das scheinbar solide Bauwerk bewundert, das aller Naturgewalt standhielt. Bis endlich an einem bösen Tage das Ganze herunter kam.

Meine Bewunderung stieg, als ich entdeckte, daß der größte Teil des Nestes aus Eisen bestand. Henkel von Eimern, Nägel, verrostete Stücke Eisendraht von ausgesprochen großen Ausmaßen im Verhältnis zu denen der Elster, mit Zweigen und anderem Material durchzogen; und dies alles war so eng verflochten, daß die Überbleibsel selbst nach dem Fall aus solcher Höhe noch schwer auseinanderzunehmen waren.

Vögel sorgen für den Transport vieler Samen, Samen, die unter der Bedingung zum Keimen kommen, daß eine Humuslage vorhanden ist. Die jungen Pflanzen, die überall hervorsprießen, durchdringen die oberste Schicht der Erde mit ihrem Wurzelgeflecht. Dadurch entstehen bessere Voraussetzungen für einen guten Wasserhaushalt, und auch die Anzahl der Bodenbakterien erhöht sich, weil die Wurzeln in ihrer direkten Umgebung ein gutes Milieu für viele Arten Bakterien bilden.

Eine Erhöhung der Anzahl dieser Bakterien hat zur Folge, daß die Atmung des Bodens sehr stark aktiviert wird. Es ist dann eine größere Ausscheidung von Kohlendioxyd ($CO_2$) wahrzunehmen, das unmittelbar von der Pflanzenschicht, die den Boden bedeckt, aufgenommen wird.

*Abb. 41*

*Abb. 41* Wenn das Milieu so günstig wie möglich verändert wird, dann kann das zur Folge haben, daß Pflanzen und Tiere, die aus bestimmten Gebieten verschwunden sind, wieder zurückkehren.

In der Hauptsache werden die Stimulierung von Humusbildung, die Bildung von Mikroklimaten, die Vermehrung der Randgebiete und weitgehendes Unterlassen menschlicher Arbeit die Milieuveränderung fördern können.

Die Abb. zeigt z. B. die Rückkehr des Dolden-Milchsterns *(Ornithogalum umbellatum)* auf einem Versuchsfeld in Mildam*, wo menschliche Arbeit ausschließlich mit dem Ziel getan wurde, eine größere Vielfalt zu erreichen.

* Versuchsterrain südöstlich von Heerenveen, Arbeitsgebiet des Autors. (Anm. d. Übers.)

Diese und ähnliche ineinander verflochtene Prozesse meinte Tüxen, als er feststellte: »Sie sollten viel mehr das Ganze im Auge haben.«

Natürlich ist das hier angeführte Beispiel von den Vögeln und ihrer Abhängigkeit von der Anwesenheit von Baumaterial für ihre Nester allgemein bekannt. So allgemein bekannt, daß es nicht nochmals hätte angeführt zu werden brauchen. Leider ist die Wahrheit jedoch die, daß in Büchern viel erzählt wird, daß aber in der Praxis ganz andere Wege begangen werden.

Nicht alle Vögel bauen ihr Nest aus so solidem Material wie die Elster. Andere Vögel suchen, statt Eimerhenkeln, Metallfedern aus Sprungfedermatratzen und anderen groben Materialien wie Stacheldraht und dergleichen, feines und leichtes Material, abgestorbene Pflanzenreste, Zellstrukturen von totem Laub und Gewebestrukturen von Pflanzenstengeln.

Es versteht sich, daß kleinere Vögel besser mit den letztgenannten, leichteren Materialien umgehen können.

Vielfalt der Streulage auf dem Boden bringt also Vielfalt der Vogelarten mit sich.

Ehe wir Robert Ardrey seine Meinung über die Wichtigkeit der Vielfalt sagen lassen, wollen wir noch ein Beispiel anführen, um die Bedeutung des Humus als Bindeglied zwischen vielen Lebensprozessen zu verdeutlichen:

Springschwänze *(Collembola)* sind sehr kleine Lebewesen, die ihr Wirkungsgebiet hauptsächlich in den obersten Lagen des abgefallenen Pflanzenmaterials zu suchen pflegen. Sie bevölkern diese Gebiete in großer Zahl, und ihre Vorliebe gilt dem Humus, in dem reichlich abgefallenes Laub vorhanden ist. In der totalen Umsetzung alles vorhandenen Materials erfüllen sie in einem bestimmten Augenblick eine bestimmte Rolle.

Als Tierart leben diese kleinen Wesen streng vegetarisch; dabei kann zugleich angemerkt werden, daß die meisten niederen Tierarten, was das Suchen von Nahrung angeht, ganz spezifisch ausgerichtet sind.

Im Gegensatz zur Nahrung des Menschen, der imstande ist, Aal, Mayonnaise, Kotelett, Mohrrüben, Rosenkohl, Sauerkraut und sonst noch alles mögliche zu konsumieren (übrigens eine Möglichkeit für ihn, das rote Licht scheinbar für lange Zeit negieren zu können, das in der Natur eingeschaltet wird,

*Abb. 42/43* Die Gestaltung des Gartens wird in hohem Grade durch die Art und Zusammenstellung des benutzten Vegetationsmaterials bestimmt. Vor allem zu Anfang kann die Decklage (aus Laub und Zweigen bestehend) unordentlicher aussehen, als wünschenswert ist. Nach einigen Jahren ändert sich jedoch das Aussehen dieser Schicht (Streulage) vollkommen. Zu grobe Teile, die nach längerer Zeit immer noch über die Oberfläche hinausragen, können leicht in kleinere Stücke gebrochen werden. Der Umsetzungsprozeß wird schneller vor sich gehen, wenn alle Pflanzenreste direkten Kontakt mit der Erde haben. Unter der Streulage muß ein möglichst dichtes Vegetationskleid angebracht werden (Geophyten). Zu diesem Zwecke können vor allem viele verwilderte Zwiebelgewächse benutzt werden. Im Frühjahr werden sich die keimenden Zwiebeln buchstäblich durch die Decklage bohren. Wo diese Lage zu dick ist, werden sie sie anheben. So wird der Umsetzungsprozeß aktiviert. In der direkten Umgebung der senkrecht in die Höhe wachsenden Zwiebeln herrscht ein anderes Mikroklima (früheres Wegtauen von Schnee über diesen Pflanzen).

*Abb. 42*

*Abb. 43*

wenn eine Lebenssituation im Begriff ist, für ein Lebewesen ungünstig zu werden – darüber später mehr), ist die Vielfalt der Nahrung für alle Wesen, die am Beginn der Nahrungskette stehen, fast immer sehr begrenzt. Die Springschwänze z. B. sind auf eine Situation hin orientiert, in der viel abgefallenes Blattwerk vorkommt. Keine Blätter, keine Springschwänze! Keine Springschwänze, weniger Ameisen. Ameisen jagen nämlich diese Collembola. Die kleine Ameise steht also eine Etage höher in der Nahrungskette und fungiert als Jäger. Ihrerseits fällt die Ameise der Kröte zum Opfer. Damit wird wiederum demonstriert, daß es im Leben doch immer nur um zwei Dinge geht: fressen oder gefressen werden.

Wenn allerdings in einer bestimmten Situation keine Behausungsmöglichkeiten für die Kröte vorhanden sind, dann wird die Kröte nicht auf der Bildfläche erscheinen und die Möglichkeit ist groß, daß die Ameisen übermütiger werden.

Robert Ardrey behauptet nun mit Recht, daß die Natur die größtmögliche Vielfalt zum Ausgangspunkt nehme und daß die vom Menschen geprägte Losung: »Freiheit, Gleichheit, Brüderlichkeit!« vielleicht im politischen Leben nützlich sein könne, daß aber die ausgesprochen eigensinnige Natur sich in keiner Hinsicht an diese Losung zu halten wünsche.

Die menschliche Arbeit, soweit diese in direktem Kontakt mit der Natur geschieht, ist eher auf eine gewisse »Gleichheit« ausgerichtet, als daß sie sich an dem Erlangen von Vielfalt orientiert. Ackerbaumaschinen, die infolge ihrer Konstruktion sehr spezifische Forderungen an die Böden stellen, auf denen sie arbeiten sollen, können meist erst funktionieren, nachdem auf diesen Böden egalisierende Arbeiten verrichtet worden sind. Also werden die Böden entsprechend den Forderungen hergerichtet, die die Technik stellt.

Steine im Boden sind ein gewaltiges Hindernis für die technische Apparatur, also befreit man den Boden von diesem hinderlichen Material. (Das haben übrigens fast alle Generationen vor uns schon getan.) Für die Kröte aber ist eine Ansammlung von Steinen mit den Hohlräumen, die sich dazwischen befinden, die Voraussetzung für ihre Behausung.

Darum ist die Anwendung des Prinzips »Freiheit, Gleichheit, Brüderlichkeit!« für die Kröte tödlich.

So ungünstig wir das Lebensmilieu der Kröte beeinflußt haben, indem wir als Egalisatoren aufgetreten sind, so ungünstig beeinflussen wir auch die Lebensbedingungen der Regenwürmer. Darwin und nach ihm noch viele andere haben die Bedeutung gerade dieser Tiere für Erde entwickelnde Prozesse nachgewiesen. André Voisin spricht über Regenwürmer als »den Pflug der Menschheit«, womit gleichzeitig angedeutet wird, daß, lange ehe die Menschheit den Pflug als mechanisches Attribut eingeführt hatte, die Natur damit schon ausgerüstet war.

Nach dem Umgraben und Hacken müßte nun also das Pflügen als Beweis dafür folgen, daß mechanische Arbeit – abgesehen vielleicht von den Gebieten, wo sie für die Nahrungsproduktion als notwendig erachtet werden muß – nicht als eine Form sinnvoller Arbeit angesehen werden kann.

Aus der nicht so sehr ausgedehnten Familie der Regenwürmer können Sie vor allem zwei Arten in Ihrem Garten erwarten (nämlich *Allobophora* und *Lumbricus*). Daß auch für diese Tiere die menschliche Arbeit, die auf Einführung von »Gleichheit« gerichtet ist, den sicheren Tod bedeuten kann und daß ihnen so keine »Freiheit« gelassen wird, ein alternatives Milieu zu suchen, kommt daher, daß der Begriff »Brüderlichkeit« von der Menschheit fälschlich allein in bezug auf die Beziehungen zwischen Menschen untereinander aufgefaßt worden ist.

Wenn André Voisin jedoch mit Nachdruck feststellt: »Vom Leben im Boden hängt das Leben des Menschen und der Kulturen ab«, dann wissen wir auch durch dieses Beispiel wieder, daß der Mensch seinen Platz im ganzen System noch nicht in richtiger Weise zu bestimmen weiß.

Als Konsequenz großflächiger Änderungen in der landschaftlichen Struktur kann sich die Lebenssituation für die Regenwürmer derart verändern, daß große Gebiete für diese Tiere unzugänglich werden.

Ein völlig flaches und ebenes Terrain ist für den Regenwurm ein unbedingt ungünstiges Lebensgebiet. Je tiefer ein solches Terrain liegt und je mehr die Feuchtigkeit zunimmt, desto ungünstiger werden die Lebensbedingungen! Da Regenwürmer atmen müssen und da das in einem sehr nassen Milieu nicht

*Abb. 44 a*

*Abb. 44 b*

*Abb. 44 c*

*Abb. 44a/44b/44c* Wenn von Humus gesprochen wird, dann meint man damit oft das organische Material, das in halb zersetztem Zustand auf der obersten Erdschicht liegt (Laub, Äste, Zweige). Das Wort Humus bezeichnet jedoch eigentlich die schwarze Substanz, die als Endprodukt des Umsetzungsprozesses von totem Pflanzenmaterial entsteht (durch Bakterien und Mikroorganismen). Diese schwarze Humusschicht bildet den Übergang zwischen der Streulage und der Erde. Humus kann sich nicht allein aus organischem Material bilden. Er entsteht erst dann, wenn Reste von abgestorbenen Pflanzen zusammen mit kleinen Teilen Erde im Verlauf des Stoffwechselprozesses der Bakterien und Mikroorganismen miteinander vermischt werden. Um die Humusbildung an Ort und Stelle so stark wie möglich zu aktivieren, muß die Erde unter der zu bildenden Humusschicht sowohl vertikal als auch horizontal möglichst intensiv von Wurzeln durchzogen sein. (Die Zahl der Bakterien wird nämlich stark mitbestimmt von der Menge an vorhandenen Pflanzenwurzeln. Nach J. W. Runow ist die Zahl der Mikroorganismen in der Umgebung von Pflanzenwurzeln ungefähr 43mal so groß wie in Erde ohne Wurzeln.)

Es wäre jedoch nicht richtig, nur tiefwurzelnde Pflanzen zu wählen. Und es ist auch nicht richtig, wenn unsere Auswahl sich auf die Pflanzen beschränkt, die in den obersten Erdschichten wurzeln (z. B. Gras). Fast immer wird eine Pflanze wegen der Schönheit ihrer Blüte ausgewählt. Für eine gute Zusammenstellung des Gartens ist jedoch die Art des Wurzelgeflechts von viel größerer Bedeutung.

*Abb. 45/46* Neben dem Wurzelgeflecht ist auch die Form der Pflanze von großer Bedeutung.

Alle Pflanzen, die eine Rosette bilden, können nur schwer bestehen in einer Situation, in der der Boden vollständig mit anderen Pflanzen bedeckt ist. Pflanzen mit Rosetten wachsen mit Vorliebe auf offenen, kahlen Gebieten. Da können sie ihre Blätter gegen den Boden drücken. Abb. 46: Löwenzahn (Rosette) im Kampf mit Waldmeister. Dieser Kampf wird zugunsten des Waldmeisters entschieden. Abb. 45: Spontane Gruppierung von Pflanzen auf einem Gebiet, auf dem Gras jahrelang ungestört gelassen wurde.

*Abb. 45*

*Abb. 46*

geht (das Wasser im Boden vertreibt die Luft, die in poröser Bodenstruktur ein Viertel des Raumes einnimmt), werden die Tiere, da sie nicht mehr atmen können, das ungünstige Lebensmilieu verlassen.

Aber haben Regenwürmer wirklich die Möglichkeit, in ein Gebiet auszuweichen, dessen Bedingungen man günstiger nennen kann? Wenn auf einem Terrain keine ausreichend große Vielfalt mehr besteht, vor allem, was die Höhe angeht, dann werden für die Regenwürmer nur wenige Möglichkeiten übrigbleiben, um dem Erstickungstod als Folge des Wasserüberflusses zu entkommen. Glückt es ihnen, eine Straße zu erreichen, die das Gebiet umschließt, dann erwartet sie auch da der Tod. Der ultraviolette Teil des Sonnenlichtspektrums ist nämlich für diese Tiere eine ebenso große Gefahr wie das Zuviel an Wasser. Ist ein Regenwurm auf einer großen Asphaltstraße angekommen und die Sonne scheint, dann kann er aufgrund der Beschaffenheit der Straßendecke dem Austrocknungstod nicht entkommen. Auf einer Straße von Klinkern dagegen ist die Oberfläche eines einzelnen Steines klein und der Regenwurm wird bei seinem Versuch, der tödlichen Wirkung des ultravioletten Lichtes zu entfliehen, die Möglichkeit haben, sich wieder in den Boden zurückzuziehen, nämlich in eine Fuge zwischen zwei Klinkern. Auf Asphalt- und Betonstraßen sind die Fluchtmöglichkeiten durch die große Fläche des benutzten gleichförmigen Materials (Strukturvergrößerung) so begrenzt, daß nur der Rückzug in die Richtung, aus der das Tier gekommen ist, die Möglichkeit einer erfolgreichen Flucht bieten kann.

Neben den Gefahren, die nur dadurch entstehen, daß wir diese Würmer und die Insekten bei unserer Arbeitsweise nicht als *Mitarbeiter* akzeptieren, bestehen für diese Bodentiere, aufgrund ihrer Körpergröße, natürlich noch unzählige andere Bedrohungen durch unsere Anwendung scharfer Geräte. Die Möglichkeit, daß die allerkleinsten Bodenbakterien durch die scharfe Kante eines Spatens, einer Hacke oder eines Pfluges in zwei Stücke geteilt werden, ist im Gegensatz zu der Gefahr, die die Würmer laufen, äußerst gering.

Als drittes und letztes Beispiel für die Beziehung zwischen Wohn- und Lebensbedingungen, der jedes lebendige Wesen unterworfen ist, ein Tier, das diesem Zusammenhang auf beinahe symbolische Weise Gestalt gibt: die Schnecke, von der manche ihr »Habitat« sichtbar auf dem Rücken tragen.

Gerade weil über dieses Tier eigentlich nur ungünstige Berichte umgehen und weil es nun einmal nicht denkbar ist, daß es absolut richtig sein sollte, irgendein Wesen eines ausschließlich schlechten Einflusses zu beschuldigen, wurde mein Interesse für diese »schädlichen Gartentiere« geweckt.

Der Sinn für unnatürliche Sauberkeit, Ordnung und Ordentlichkeit scheint unserem Tulpenfelder liebenden Völkchen sehr tief im Blut zu sitzen.

Hat man Ihnen jemals erzählt, daß früher, vor allem auf großen, stolzen Landsitzen, die Gärtner sich häufig damit beschäftigten, die Baumstämme sauberzuscheuern?

Man fand, daß die Bäume, deren Borke oft von unten bis oben von einer feinen, aber außerordentlich schwer zu entfernenden grünen Algenschicht bedeckt war, nicht recht zu der Schönheit und dem repräsentativen Charakter des Landsitzes beitrugen!

Zu bestimmten Zeiten, wenn der Stamm gut trocken war, nach einer langen Periode der Trockenheit, hielt man den Zeitpunkt für gekommen, den Stamm mit harten Bürsten, so hoch man reichen konnte, wie ein Pferd gründlich zu striegeln.

Seitdem sind Jahre vergangen, aber noch immer ist an solchen Stämmen zu sehen, daß man zu jener Zeit offenbar nicht sehr hoch reichen konnte, jedenfalls da, wo man keine Leitern benutzte, um doch noch höher reichen zu können, als man groß war! Durch dieses stets wiederholte und unangebrachte »Striegeln« hat der untere Stamm oft eine andere, rauhere Struktur bekommen, eine Art Rustikalstruktur, die da aufhört, wo die Reichhöhe des »vernünftigen« Menschen ihre Grenze hat.

Überall in der Natur sind »Zeichen an der Wand« zu finden, daß das normale Reichvermögen des *homo sapiens* von Natur nicht gewaltig hoch ist! Eigentlich sind sie also gar nicht besonders schöne Kulturmonumente, diese »bearbeiteten« Stämme, wenn man bedenkt, daß sie, über eine sehr lange Zeitspanne hinweg gemessen, noch als Symbol für die Art und Weise angesehen werden können, in der wir der Natur entgegenzutreten pflegen.

Müssen in der Natur alle Bäume ein gleiches grünes Mäntelchen tragen, wodurch die schönen Farben der Borke, die von blutrot, tiefviolett, mausgrau und silberglänzend bis zu orangegold variieren können, für jedermann unsichtbar gemacht werden?

Farbe in der Natur hat eine Funktion. Der Sinn der Farbe liegt nicht darin, daß wir sie nur aus ästhetischen Gründen betrachten! Farben von Blumen sind in erster Linie funktional, weil sie die Orientierung verschiedener sie aufsuchender Insekten ermöglichen, Insekten jener Arten, die sich mittels dieser optischen Signale orientieren. Daß der Mensch diese Farben ästhetisch schätzt, ist etwas ganz anderes. Darüber später mehr!

Daß die Farbenvarietät der verschiedenen Borkenstrukturen in unserem Land fast permanent durch Algen- und Flechtenbefall zunichte gemacht wird, braucht jedoch nicht als »natürlich« angesehen zu werden. Vielleicht kann die Geschichte von der »schädlichen Schnecke« ein wenig Licht in das Dunkel bringen.

Die Artenfülle der Schnecken ist sicher größer als die der Regenwürmer, aber hier wie da wollen wir uns auf zwei Arten beschränken, nämlich die gewöhnliche Garten- oder Gehäuseschnecke *(Cepaea nemoralis)* und die nackte Waldschnecke *(Ariantha arbustorum)*.

P. Verhagen sagt: »Schnecken ... Tod und nichts für ungut!« Unsere Industrie hat sich wahrscheinlich dieses Satzes erinnert und hat sicher gemeint, daß das Tottreten oder »Salz auf den Schwanz streuen« eine unappetitliche und ermüdende Beschäftigung für den heutigen Kulturmenschen sei. Also war auch hier wieder die Antwort der geräuschlose, oft chemische Tod dieser unappetitlichen Wesen, wenigstens soweit die »appetitlichen« Arten nicht durch den Magen der Feinschmecker eine andere Schicksalsbestimmung fanden.

Die Losung Verhagens vertiefte meinen Argwohn!

W. Kühnelt führt gerade die Gartenschnecke *(Cepaea nemoralis)* als Beispiel dafür an, daß sich in einem bestimmten Gebiet der Stand des Kalkgehaltes ungünstig verändert hat (Liebig). Die Konsequenzen unserer degradierenden Handlungen in bezug auf den Wald erstrecken sich also viel weiter, und wir müssen hier eine Fortsetzung zu einer schon früher begonnenen Geschichte schreiben.

*Abb. 47*

*Abb. 47* Reich schattierte Landschaften entstehen infolge eines Wachstumsprozesses, der sich im Laufe der Zeit abspielt und der durch die Handlungen von Mensch und Tier ausgelöst wird.

Ist der Anteil Kalk nämlich unter einen bestimmten Prozentsatz gesunken, dann ist es für die Gartenschnecke unmöglich, ihr Haus zu bauen. Ganz allgemein kann gesagt werden, daß Tiere, die auf Böden mit gutem Kalkgehalt leben, in ihrem Skelett einen höheren Prozentsatz an Kalk haben als ihre Artgenossen in kalkarmen Gebieten (Reid). Es ist denkbar, daß hier auch eine Verbindung herzustellen ist zu dem möglicherweise schlechteren Zustand der Gebisse des Säugetieres Mensch in ausgesprochen kalkarmen Gegenden.
Die Möglichkeit, daß die Folgen der Bodendegradation ihren Niederschlag in einem weniger guten Körperbau aller Wesen finden, die in dergleichen Gegenden leben, ist nicht von vornherein als nicht bestehend von der Hand zu weisen.
Die Gartenschnecke gibt in dergleichen Fällen einfach auf. Die »Schneckentod« produzierende Industrie verliert hier also ihre Kunden. Diese Industrie sorgt jedoch nicht nur für dieses Tier, sondern auch für die nackten Schnecken; das sind die »obdachlosen« Artgenossen, die man als konstante Opfer der »Wohnungsnot« bezeichnen könnte, weil sie sich nie stolze Besitzer eines eigenen Hauses nennen können. Diese Gruppe von Schnecken hat weniger Bedarf an Kalk und kann deshalb einfacher auf der Bildfläche erscheinen.

Eigentlich gehören die Schnecken zu einer der ältesten Tierarten und haben in der Entwicklungsgeschichte eine herausragende Rolle gespielt. Ihre Artgenossen in grauer Vorzeit waren oft von riesigem Ausmaß. Fossile Formen beweisen nicht nur die Anwesenheit der Schnecke seit undenklichen Zeiten, sondern auch ihren herrlichen Bau und ihre sehr verschiedenen Größen.
Die Landschnecke lebt endolithisch, d. h., die Hohlräume zwischen Steinformationen sind ihr Zufluchtsort. Die Algenablagerungen, die sich auf diesen Steinformationen bildeten, waren ihre bevorzugte Nahrung und mit ihrer *radula* (Reibezunge) schliffen die Schnecken sozusagen die Oberfläche der Steine sauber. In ihrem Stoffwechselprozeß wurden die Elemente, aus denen sich ihre Nahrung zusammensetzte, gründlich vermischt, um in der Form von Dung wieder deponiert zu werden. Von diesem Augenblick an war ein Anfang gemacht

Abb. 48

Abb. 49

Abb. 50

mit dem Aufbau eines Deckmantels für die kahle, öde Steinwüste.

Diese Entstehung einer Pflanzendecke auf der Erde begann mit Ablagerungen in Form von Algen und Mosen auf Steinen. Die Umsetzung dieses grünen Materials, in dem viel Stickstoff – der in ungebundener Form in der Atmosphäre vorhanden war – organisch gebunden wurde, geschah auf dem Wege über die Stoffwechselprozesse der konsumierenden Fauna.

Auf diesen so gebildeten dünnen Schichten Boden konnten sich andere Pflanzen entwickeln, die ihrerseits imstande waren, Tierarten anzuziehen, die diese Pflanzen wiederum durch Stoffwechselprozesse zu Dung verarbeiten konnten. Das Endstadium dieser aufeinander folgenden Vegetationssysteme war die Entstehung von Wald, als höchster Vegetationsform (Klimax-Vegetation). Der natürliche Zerfall dieser Klimax-Vegetationen hat dazu geführt, daß dicke Schichten Erde die anfangs kahle Erdoberfläche bedeckt haben.

Der *homo sapiens* hat, was meine Gartenschnecke angeht, der Möglichkeit weiterer Teilnahme dieses Tieres an diesem Prozeß ein Ende gesetzt, indem er dafür sorgte, daß vielerorts die für dieses Tier notwendige Menge Kalk auf ein Minimum gesunken ist.

Eines schönen Tages befremdete es die Gärtner der großen Landsitze, daß die Algen wohl einfach weiter die Bäume als Behausung wählten, daß aber eine Aufnahme dieser Algen in einen weiteren Verlauf des Prozesses nicht mehr stattfand. Die Gärtner übernahmen darum nun die Funktion der Schnecke und entfernten den lästigen »schmutzigen« Belag von den Bäumen. Inzwischen war ihr Herr und Meister anderswo auf

Abb. 48/49/50  Es ist ebensowenig sinnvoll, den Bauern als Hüter und Beschützer der Natur anzusehen, wie ihn für die Form unserer Degradationslandschaft verantwortlich zu machen.
Für die Haltung, die er einnimmt, und die Art, wie er seine Arbeit verrichtet, sind Zielsetzung und Ausgangspunkt der Gesellschaft bestimmend, der er angehört.
Ist die Gesellschaft technokratisch orientiert, setzt sie es sich zum Ziel, den Konsum zu stimulieren, und versucht sie, dies zu erreichen, indem sie Monokulturen anlegt, dann muß der Bauer mehr als Industrieller gesehen werden, der in einer Fabrik ohne Dach arbeitet. Seine Arbeitsmethode kann Ihnen dann nicht als Beispiel für die Arbeit dienen, die Sie in Ihrem Garten meinen tun zu müssen.

der Welt damit beschäftigt, durch emsige Arbeit Geld zu verdienen, um weiterhin als Arbeitgeber für diese Gärtner fungieren zu können.

Aber ist es die Voraussetzung des Kalks *allein,* die bestimmt, ob eine Rückkehr dieser »schädlichen« Schnecke, falls »bei näherer Betrachtung« erwünscht, noch möglich ist? Die Temperatur ist möglicherweise für die An- oder Abwesenheit ein ebenso wichtiger Faktor, denn bei zu hohen Temperaturen droht der Schnecke der Austrocknungstod.

In seinen Versuchen, dem Erstickungstod zu entrinnen, geriet der Regenwurm auf die Straße, die das Gebiet umschloß. Schnecken, die in verzweifeltem Versuch, den grellen Sonnenstrahlen zu entkommen, auf kahlen, unbedeckten Boden geraten, der in der Sonne brät, finden keine Möglichkeit zum Ausweichen mehr. Selbst wenn Nahrung in Form von Algen in großen Mengen vorhanden ist, wird die Schnecke, wenn der Baum, auf dem diese Algen leben, auf ordentlichem, saubergemachtem, kahlem schwarzen Boden steht, nicht erscheinen, um die Arbeit, die von all ihren Vorfahren verrichtet worden ist, auf die gleiche Weise fortzusetzen.

Man kann wohl ständig ein Haus auf dem Rücken tragen, aber wenn dieses Haus nicht, wenn nötig, nach einem Platz transportiert werden kann, der mehr Schutz bietet, dann verwandelt sich das sichere Wohnhaus in einen glühenden Ofen.

Der in seinen kolossalen Wohneinheiten zusammengepferchte Mensch befindet sich in einer günstigeren Position als die kleine Gartenschnecke.

Wenn die Temperatur in den Wohnkasernen steigt, das strahlende Licht ausgeschlossen werden muß, wenn die Familienmitglieder einander in den kleinen, beengten Wohneinheiten ständig begegnen, dann ist dieser Situation zwar nicht mehr zu entkommen. Die Wohnkaserne steht nämlich oft in einer baumlosen Kulturwüste, und die Möglichkeit der Abkühlung und des Atemholens, die man draußen zu finden hofft, ist nicht vorhanden, weil Steinplatten, Asphalt und Beton unbarmherzig von der grellen Sonne beschienen werden.

Der schlaue *homo sapiens* verfügt jedoch über ein vollkommeneres Fluchtmittel! Auf dem Pflaster wartet sein Schnecken-

*Abb. 51*

*Abb. 51* Organisch gewachsene Landschaft, die Elemente sind scheinbar willkürlich verstreut.
Eine solche Landschaftsform bildet mit der heutigen Kulturlandschaft eine Polarität (s. Abb. 52).

*Abb. 52*

*Abb. 52* Menschen in Reih und Glied; Pflanzen in Reih und Glied. Die Natur ordnet verschieden und vielfältig, aber niemals so, wie der Mensch dies, meist aus ökonomischen Gründen, tut: Die Natur bringt niemals alles in Reih und Glied. Es ist begreiflich, daß der Mensch diese Art der Ordnung wählt, soweit es totes Material betrifft, wenn wir bedenken, daß sie als einfachste Form der Organisation angesehen werden kann. Aber muß dieses System auch angewandt werden, wenn es um die Ordnung von Mensch, Pflanze oder Tier geht?

haus auf Rädern auf ihn, sein Invalidenwagen, sein Automobil! Fenster auf und eben die Zähne aufeinander, denn drinnen ist es heiß! Aber dann geht's los! Dieses »Schneckenhaus« verfügt, was die Geschwindigkeit angeht, über mehr Möglichkeiten, und in rasender Fahrt geht es nach bereitstehenden Erholungsorten, Auffangzentren, »weiten« Stränden usw. usf. Dort angekommen, erweist sich alles schnell als Fata Morgana. Luftspiegelungen entstehen im Geist von Menschen, die sich in einer beklemmenden Situation befinden. Man ist der beklemmenden Stadt entflohen, um in Erholungsgebieten zu landen, die sich in ihrer Anlage nicht viel von der Stadt unterscheiden. Die ökonomischen Teufel, die die Ursachen kennen und die gerade mit dem Verlangen nach der Realisation dieser Wunschträume zu spielen wissen, treten mit ihren verlockenden Reklamekampagnen auf als die großen Retter in der Not! Kann man das System, das die Ursache dieses paradoxen Zustandes ist, nicht verändern, seinen Kurs korrigieren? Das Paradox nämlich, daß die Stadt sich aus einem Wohnort mehr und mehr in ein enervierendes Arbeitszentrum verwandelt und daß dadurch ein unmittelbares, zwingendes Bedürfnis entsteht, anderswo »Erholungs«-orte zu schaffen. Liegt die Sehnsucht des Menschen nicht immer im verschwommenen Blau am Horizont und wird er nicht immer öfter erfahren müssen, daß dieses verschwommene Blau nicht das Blau ist, das erfrischende, neue Gebiete vermuten läßt, sondern daß es sich als Schleier und tief hängende Nebel herausstellt, Vorboten von Industrieniederlassungen, die ihrerseits, versteckt hinter einem neuen Horizont, auf vollen Touren laufen, um anderen Gruppen von Menschen »Arbeit« zu verschaffen?

Nur die kleinen Bauerngehöfte, die im Lande verstreut liegen, von einer Mauer von Bäumen umgeben, so daß in der Tat schattenreiche Gebiete Erholung bieten können, nur diese Gehöfte sind so gelegen, daß die Oase direkt das Wohngebiet umschließt.

Zwei Situationen sind denkbar, in denen die Gartenschnecke, wenn sie dazu durch eine zu hohe Temperatur gezwungen wird, Gelegenheit hat, ein Unterkommen zu finden: Wenn der Baum, den sie verlassen muß, auf einem Boden steht, der permanent mit einer reichen Humus- und Streulage bedeckt ist, oder auf einem Boden, der vollständig von einem geschlossenen Pflanzenkleid bedeckt ist; dann ist am Fuße des Baumes ausreichend Gelegenheit, zeitweilig ein feuchteres und kühleres Versteck zu finden. Ändert sich die Situation wieder zugunsten der Schnecken, dann kommen sie oft in großen Zahlen zum Vorschein und suchen auf den feucht gewordenen Stämmen wieder Nahrung.

Offenbar gilt für Tier und Mensch gleichermaßen, daß die Qualität der Wohnsituation gänzlich von der Anwesenheit von Ausweichmöglichkeiten nach Gebieten bestimmt wird, die an das Habitat grenzen, wenn die Umstände in den konstruierten Wohnungen zur Flucht zwingen.

Obwohl man von niederen Tieren im allgemeinen sagen kann, daß sie in bezug auf ihre Nahrung spezifischer ausgerichtet sind, besagt das noch nicht, daß die Schnecke ausschließlich vom Bestehen von Algen und Flechten abhängig ist.

Im Arbeitsprozeß zur Umsetzung pflanzlichen Materials wird der größte Teil der Insekten eingesetzt, um totes Material in eine Form von Dung umzusetzen. Wenn dies stimmt, wie kommt es dann, daß Schnecken als gefräßige Monstren gelten, die alles verschlingen, und wie kommt es, daß sie kein grünes Blättchen in Ruhe zu lassen scheinen?

Jedes Lebewesen, das sich in Todesnot befindet, wird Nahrung zu sich nehmen, die es nicht anrühren würde, wenn die normalen Nahrungsquellen reichlich vorhanden wären.

Es ist nur zu bekannt, daß der Mensch in Zeiten von Lebensmittelknappheit (Kriegssituationen) Dinge als Nahrung akzeptiert, die völlig von der Nahrung abweichen, die er in normalen Zeiten zu sich zu nehmen liebt. Man braucht nur an den letzten Weltkrieg zu denken, als unser Tulpen liebendes Volk große Mengen Tulpenzwiebeln konsumierte.

Nun, der Schnecke fehlen, wenn sie sich in einer kultivierten, sauberen Umgebung findet, so viele von den Voraussetzungen, über die soeben gesprochen wurde, daß sie sich demjenigen gegenüber, was in der ziemlich sterilen Umgebung noch vorhanden ist, aggressiv zu verhalten beginnt. Man kann in diesem Falle zwar bestimmte Verhaltensweisen konstatieren, aber sie geben ein verzeichnetes Bild, weil sie das Bild der Folgen wiedergeben, die sich in äußerst unnatürlichen, kultivierten Situationen einstellen. Daraus kann man also noch keinerlei Information gewinnen über die Verhaltensweisen z. B. der Schnecke in einer Situation, in der die essentiellen Voraussetzungen für ihre Existenz so weit wie möglich erfüllt sind.

Ehe wir nun die Geschichte von der Gartenschnecke abschließen, muß noch auf einen anderen wichtigen Punkt hingewiesen werden.
Darauf nämlich, daß es eine große Zahl von Insekten gibt, die bei Pflanzen und Bäumen »im richtigen Augenblick« schon mit dem Abbauprozeß beginnen, noch ehe alles auf den Boden zurückgefallen ist. Das ist von eminenter Bedeutung, da sonst der Umsetzungsprozeß gar nicht einsetzen kann.
Wann jedoch weiß das Tier, daß der richtige Augenblick gekommen ist? Zunächst eine Antwort auf die Frage: »Was geschieht, wenn an keinem einzigen Blättchen oder Stengel mehr genagt, gesaugt oder gefressen werden kann?« (Handlungen, die auf unseren Äckern, die Nahrung produzieren sollen, nicht toleriert werden können!).
Alles abgestorbene Pflanzenmaterial würde in vollkommen unberührtem Zustand auf die Erde fallen.
Die Bodenbakterien sind nicht imstande, die Nahrung in dieser unberührten Form zu verarbeiten, so daß, wenn überhaupt von einer Form von Umsetzung gesprochen werden kann, diese oft langsam vor sich geht, möglicherweise aber auch gar nicht. Die Folge ist, daß Material liegenbleibt, und die Aufeinanderhäufung, die dadurch entsteht, veranlaßt eine Veränderung einer in bezug auf den Sauerstoff günstigen *(aeroben)* in eine ungünstige *(anaerobe)* Situation, was oft der Säurebildung in die Hand arbeitet.
In Gebieten, wo durch Degradation der Zustand im allgemeinen sich sowieso schon zu einer Zunahme des Säuregrades hin entwickelt, wird dieser Prozeß durch massive Abwesenheit von ganzen Gruppen von Insekten möglicherweise noch beschleunigt.

Um im richtigen Augenblick mit dem Abbau einer Pflanze beginnen zu können, muß das Tier ein Signal empfangen. Viel-

*Abb. 53* Wenn der Mensch eine Ordnung seines Habitats akzeptieren muß, die das Prinzip der natürlichen Ordnung leugnet, dann muß er das übrige Lebensmilieu im Gegensatz dazu gerade so weit wie möglich auf natürliche Weise entstehen lassen. Es ist richtiger, von der Vegetation auszugehen, die während der Bauarbeiten spontan entsteht, als diese Vegetation zu vernichten und durch den »Grünstreifen« zu ersetzen. Natürliche Vegetationen können eine gute Kontrastwirkung zu dem Kulturprodukt des menschlichen Geistes ergeben.

*Abb. 54*  Menschliches und tierisches Habitat (Wohnung) im Vergleich zueinander.
Im Vergleich mit der menschlichen Wohnung besiegt ein einziger Baum, was die Zahl der auf ihm untergebrachten »arbeitenden Wesen« angeht, glorreich ganze Weltstädte, die für den Menschen gebaut sind. Eine einzige Birke kann schon 200 000 Gliederfüßlern Unterkunft bieten, eine Eiche oder ein Ahorn mehr als einer Million. Diese Insekten leben auf Blättern, Ästen, Zweigen, in den Spalten der Rinde und im Stamm dicht unter der Rinde (für weitere Vergleiche s. S. W. Sonn).

leicht ist die Farbveränderung dafür von Bedeutung, aber wahrscheinlich spielen Duftstoffe eine größere Rolle.

Genau in dem Augenblick, in dem die Blätter der Narzissen in meinem Garten sich verfärben, über gelbgrüne zu gelblichen und bräunlichen Schattierungen (übrigens zugleich ein Signal, daß der Prozeß des Blühens und der Samenbildung abgeschlossen ist), genau in dem Augenblick wenden sich alle Gartenschnecken diesen Pflanzen zu und innerhalb weniger Tage wird alles Material umgesetzt, ist von den Narzissen nichts mehr übrig, aber haben sie gerade noch die Möglichkeit gehabt, Samen auszustreuen.

Ob dieser Samen seinerseits dann die Möglichkeit zum Keimen hat, hängt wieder ab von der Anwesenheit von Humuslagen, und natürlich ist auch ständige Störung der obersten Bodenschicht durch menschliche Arbeit für die Stimulierung des Wachstums von Keimlingen ungünstig.

Nun wir an dem Punkt angekommen sind, da wir die Bedeutung der Notwendigkeit aller Bedingungen einsehen gelernt haben, die für eine günstige Entwicklung des Milieus vorhanden sein müssen, damit die junge Generation gut gedeihen kann, nun müssen wir auch an Hand dreier Beispiele aus der Pflanzenwelt – ebenso wie wir es mit den Beispielen der Kröte, des Regenwurms und der Schnecke getan haben – versuchen zu zeigen, daß bestimmte eingebürgerte Auffassungen hemmende Einflüsse ausüben können.

Scharbockskraut, Holunder und Brennessel sind dazu gut geeignet, weil sie Pflanzen sind, die beinahe weltweit verbreitet sind und dadurch große allgemeine Bekanntheit genießen. Außerdem erfüllen sie alle drei deutlich eine Funktion im gesamten natürlichen Prozeß, ebenso wie die drei angeführten Beispiele aus der Tierwelt.

Die Brennessel *(Urtica dioica)* verkörpert eigentlich, was in Redewendungen und Sprichworten zum Ausdruck kommt: »Unbekannt ist ungeliebt« und »Unkraut vergeht nicht«.

Daß letzteres, gerade was die Brennessel angeht, ein Glück genannt werden kann, soll mit dem folgenden Beispiel verdeutlicht werden. Dann besteht die Chance, daß durch größere Bekanntheit größere Wertschätzung entsteht.

Die Brennessel erfüllt eine ähnliche Funktion wie Tonerde und

Humus: Sie nimmt nämlich bestimmte Nährstoffe aus dem Boden auf (vor allem die wichtigen Nitrate) und legt sie in der Pflanze fest. Die »Bindung« dieser Nitrate verhindert Ausspülung durch Regen.

Der ganze Prozeß der Stickstoffbindung geschieht in der Hauptsache durch Bakterien. Das Endprodukt dieses Prozesses ist Nitrat. Als vorletztes Produkt entsteht Nitrit. Diese Nitrite werden gleichfalls durch Bakterien gebildet, aber häufig sind sie giftig für Pflanzen und Tiere. Sie bleiben, wenn sie nicht weggespült werden, nicht lange selbständig bestehen, sondern bilden die Nahrung für die nächste Gruppe Bakterien, die für die Umwandlung dieser Nitrite in Nitrate sorgen.

Nitrate sind äußerst wichtige Stickstoffverbindungen, aber leider sind sie sehr leicht löslich und sehr anfällig für Ausspülung. In Kulturboden, der durch Bodenbearbeitung dauernd gestört wird, ist diese Gefahr natürlich größer als in einem Boden, der nicht bearbeitet wird. Daß die Brennessel fast immer einen Teil der anfangs auf »wilden« Gebieten auftretenden Pflanzen ausmacht, hat seine Ursache darin, daß auf diesen Gebieten viel totes Material in Form von abgestorbenem Gras, Laub und Zweigen vorhanden ist. Bei der Umsetzung dieser Vegetationsreste werden Stickstoffverbindungen gebildet, die für die Brennessel als notwendige Lebensbedingungen gelten. Alle oberirdischen Teile der Brennessel sind mit Brennhaaren bedeckt, die ihr ihren Namen gegeben haben. Gerade für den Menschen eine sehr unangenehme Eigenschaft! Trotz der Tatsache, daß dieses Heer von Brennhaaren immer gern bereit ist, den Menschen darauf hinzuweisen, daß Störung unerwünscht ist, geht der Mensch doch immer wieder zum Angriff über. Die Brennessel will überdeutlich demonstrieren, daß sie in Ruhe gelassen werden will. Alles weist darauf hin! Sie scheint Sie zwingen zu wollen, Ihre unnütze Arbeit einzustellen und sich erst einmal zu fragen, warum sie gerade jetzt und an dieser Stelle anwesend ist. Und gerade darum muß sie hier genannt werden, weil Sie dann eher den »Bauern aus Gavarret« schätzen werden, den alten Mességué, mit seiner Philosophie des »Nichtstuns«.

»Aber diese teuflischen Pflanzen wuchern unbezähmbar weiter und werden alles beherrschen!«

*Abb. 55* Baum als Produktionseinheit.

Hat die Nachtigall gerade diese Pflanze zu ihrem bevorzugten Nistplatz gemacht, um Ihnen mit ihrem prächtigen Gesang an späten Sommerabenden eine gewisse Kompensation für beinahe alle »nachteiligen« Eigenschaften der Brennessel zu bieten? Oder geben vielleicht die Brennhaare der Nachtigall die Garantie für einen sicheren, ungestörten Aufenthalt?

Aber selbst die Anwesenheit dieser Vögel kann den Menschen – was seine »Wertschätzung« dieser Pflanzen angeht – nicht dazu bringen, seinen Standpunkt zu ändern. Die Brennessel bleibt ein unerwünschter Gast! »Zeigerpflanz'« nennt man sie manchmal in Deutschland, womit man meint, daß sie einen Fingerzeig gibt, daß der Boden, den sie für ihre Ansiedelung wählt, fruchtbare Erde sein muß. Wählerisch ist diese Pflanze offenbar durchaus!

Wiederum die alte Frage: Wer war zuerst da, das Huhn oder das Ei? Ist der fruchtbare Boden eine Voraussetzung für die Ansiedelung der Brennessel, oder ist der Boden dank der Brennessel fruchtbar?

Auf einem Testfeld von gut eineinhalb Hektar habe ich einige Baumgruppen gepflanzt, vor allem entlang den Grenzen des Terrains (Randgebiete). In einem Randgebiet herrscht die größte Vielfalt und darum auch Aktivität; die Vielfalt wurde durch die Anpflanzung dieser Bäume also noch vergrößert.

Die Bäume wuchsen prächtig. Abgefallenes Laub blieb liegen, gefangen in hohem Gras, das niemals gemäht wurde. Der Wind war dadurch nicht imstande, abgefallenes Vegetationsmaterial vom Terrain zu wehen.

*Abb. 56* Baum als Inspirationsquelle.

Gerade um diese Bäume herum siedelten sich Brennesseln an. Sie bildeten große, fast kreisförmige Gruppierungen, blieben aber streng auf diese Gebiete beschränkt.

Der erste Wuchs ist aggressiv. Ein Gebiet wird schnell der Herrschaft der Brennessel unterworfen und auf ihrem Territorium wird keine andere Pflanzenart mehr geduldet.

Die prächtigen gelben Wurzeln der Brennessel wachsen so hoch wie möglich horizontal dicht unter der Bodenoberfläche. Der Graswuchs, der an dieser Stelle vorhanden ist, wird durch dieses Heer von Wurzeln sozusagen abgeschnitten. Die umgefallenen Grashalme zusammen mit dem Laub ergeben günstige Nahrungsbedingungen für die Brennessel. Die faulenden Blätter, abgefallene Zweige und Reste von Gras ergeben, auf der Erde liegend, den Ausgangspunkt des Umsetzungsprozesses, der in der Bildung von Nitraten resultiert. Dieser Prozeß wird durch das kräftige Wurzelgeflecht der Brennessel außerordentlich gefördert.

Gleichzeitig werden die entstehenden Nitrate von der Brennessel gebunden. Werden die Brennesseln nicht mehr beseitigt und können also an Ort und Stelle absterben, dann gelangen die Nitrate auf diese Weise allmählich wieder in den Boden zurück. Ist die Zahl der anwesenden Brennesseln nicht so groß, daß alle Nitrate gebunden werden können, dann werden die überschüssigen Mengen wieder zu Nitriten reduziert und diese ihrerseits zu gasförmigen Verbindungen, die schließlich auf dem Wege über den Atmungsprozeß vom Boden ausgeatmet werden. Dieser gasförmige Stickstoff gelangt so zurück in das Reservoir der Atmosphäre, wodurch der Kreislauf wieder geschlossen ist.

Und das unbezähmbare Wuchern?

Wenn die Brennessel ein bestimmtes kreisförmiges Gebiet »vollständig« in Beschlag genommen hat, dann hat sie, was das Gebiet innerhalb des Kreises angeht, selbst für die Entstehung einer Monokultur gesorgt, was ihren eigenen Untergang bedeutet (Zunahme der Toxizität). In dem Maße nämlich, wie der Kreis sich vergrößert, beginnt im Zentrum die Wachstumskraft abzunehmen. Die Blätter werden kleiner, die Stengel dünner und kürzer, und räumlich gesehen nimmt das Gebiet die Form einer Ringfläche an (eine Form, bei der an der Peripherie des Kreises die Brennessel noch eine beachtliche Höhe erreichen kann, während diese im Zentrum des Gebietes schon beträchtlich abnimmt).

Indem sie diese abnehmende Wachstumskraft der Brennessel ausnutzen, siedeln sich dann andere Pflanzen an (Gras-Sternmiere – *Stellaria graminea*, Gundelkraut – *Glechoma hederacea*, Kriechender Hahnenfuß – *Ranunculus repens*). So wird die Brennessel zum Rückzug gezwungen. Dazu ist sie jedoch erst dann bereit, wenn der Gehalt an Nitrat die richtige Höhe erreicht hat.

Wenn letzteres nicht der Fall ist, beherrscht sie weiter als dominante Pflanze die Situation. Je stärker sie in ihrem Versuch, den Nitrathaushalt auf das richtige Niveau zu bringen, durch menschliches Eingreifen gehindert wird, desto aggressiver wird sie sich betragen.

Störungsgebiete ergeben immer günstige Voraussetzungen für starkes Auftreten von »Un«kräutern.

Gleichzeitig ist hiermit erklärt, daß die Brennessel eigentlich überdeutlich macht, daß die Benennung »ausdauernde Pflanze« einen vollkommen falschen Eindruck weckt.

Der Begriff der »ausdauernden Pflanze« gehört in die statische Naturbetrachtung des Menschen. Diese Art der Naturbetrachtung ist jedoch die Ursache dafür, daß der Mensch »im Schweiße seines Angesichts« wird arbeiten müssen. Der statischen Betrachtung steht die Idee des *panta rhei* gegenüber, die Idee nämlich, daß alles fortwährend in Bewegung ist.

Wir wollen den *panta-rhei*-Gedanken an einer kleineren, beliebteren wilden Pflanze illustrieren, die wir, im Gegensatz zur brennenden Nessel, nur allzu gern in unserem Garten haben würden und möglichst behalten wollen.

»Elendes Zeug«, sagte ein alter Gärtner zu mir. »Wenn man das einmal in seinem Garten hat, wird man es nie wieder los.« »Interessant«, sagte ich, »woher wissen Sie das?« »Gelernt«, war seine Antwort und das einzige, was er mir noch sagen wollte; und er bückte sich, um die ärgerlichen strahlenden gelben Sternblumen des Scharbockskrauts *(Ranunculus ficaria)* aus seinem doch so schönen, sauberen Garten zu entfernen!

Der Kreuzzug gegen das »Gelernt-Haben« ist unendlich schwer, wie ich erfahren »gelernt« habe. Doch wird die Geschichte vom Scharbockskraut am selben Punkt enden, nämlich da, wo der Mensch sich, müde von der endlosen Arbeit gegen die Natur, schließlich, indem er über diese Sisyphusarbeit nachdenkt, die Frage stellt: »Wozu das alles?«

»Sehen Sie«, sagte ich zu dem Gärtner, »es kann natürlich auch sein, daß Sie aus bestimmten Gründen dieses Pflänzchen aus der Perspektive zu betrachten gelernt haben, aus der Sie es nun betrachten, aber diese Perspektive ist zu sehr von bestimmten Vorentscheidungen geprägt.«

»Keine schwierigen Reden«, war seine Antwort, »sagen Sie es mir in einfachen Worten.«

Die Geschichte von den Wurzel- und Achselknollen war ihm

natürlich bekannt. »Diese Knollen kullern ständig durch meinen Garten und verbreiten sich dadurch buchstäblich überall, und ich werde sie nie los!«

Auch in meinem Garten war diese enorme Verbreitung die normale Erscheinung, aber obwohl ich nicht das Geringste tat, um dieser ungezügelten Verbreitung durch die unzähligen Knollen ein Ende zu machen, sind die Pflanzen nun so gut wie verschwunden. Sie gehören zu den frühen Frühjahrspflanzen, die eine hohe durchschnittliche Tagestemperatur nicht schätzen. Wenn die durchschnittliche Tagestemperatur 12° bis 13° C beträgt, dann ist das das Signal für das Scharbockskraut zu verschwinden. Das Blatt wird schnell gelb und ebenso schnell, wie es im Frühjahr erscheint, verschwindet es auch wieder, wobei es die Tausende kleiner Knollen hinterläßt, die den Boden aussehen lassen, als ob er mit Getreidekörnern bestreut sei. Im Volksmund nannte man diese Erscheinung »Himmelsbrot«, weil man davon überzeugt war, daß ein »Weizenregen« vom Himmel gefallen wäre.

Das Scharbockskraut, wie bescheiden es auch immer sein mag, stellt doch ganz bestimmte Forderungen an den Boden.

Eine kalte Umgebung wirkt nicht stimulierend auf den Wuchs und die Pflanze bevorzugt eine Situation, in der ein günstiges Mikroklima garantiert ist. Eine Seite an einem Graben, ein leicht hügeliges Stück Boden am Rande eines Ackers, einen geschützten Platz hinter einem umgefallenen Baumstamm. Offene, kahle Gebiete meidet sie lieber. Außerdem muß der Boden reich an Nährstoffen sein (nitrathaltig), der Feuchtigkeitsgrad muß stimmen und schließlich muß der Boden eine gute, krümelige Struktur haben (Torfmull).

Böden, die diese Bedingungen erfüllen, sind die Böden, die meistens eine gute organische Struktur haben: Boden unter Streulagen von Laub und Zweigen; die Umgebung von Mist- und Komposthaufen; Holzzäune. Im allgemeinen ist an solchen Stellen die schwarze Erde unter einer Decklage von organischem Material verborgen, Voraussetzung für das Einsetzen der Stickstoff bindenden Prozesse.

Im Frühjahr ist die oberste Schicht dieses Deckmantels oft ziemlich dürr und leblos. Aber dann entwickelt sich plötzlich das »Himmelsbrot«, und zwischen der unordentlichen, ausge-

*Abb. 57* ....

trockneten Streulage kommen eifrig die Scharbockskrautpflänzchen aus dem Boden. Die Blätter sind üppig, sie fühlen sich etwas fettig an.

Dichte, gedrungene Büschel, die sehr dicht am Boden wachsen (Aufnahme von $CO_2$), bedecken innerhalb weniger Tage die dünne Lage von dürren Pflanzenresten, Resten aus der letzten Saison. Im allgemeinen stimmen die Forderungen, die vom Scharbockskraut an den Boden gestellt werden, mit den Bedingungen überein, die für das gute Funktionieren der Bodenatmung gelten. Die Menge Kohlendioxyd, die durch Aktivitäten von tierischen wie von pflanzlichen Organismen im Boden produziert wird, beträgt alles in allem ungefähr 4000 $m^3$ pro Hektar pro Jahr (zwei Drittel davon geht auf Rechnung der Mikroorganismen und der Rest auf Rechnung der Wurzelaktivitäten der Pflanzen; Scheffer u. Schachtschabel, 1946). Sowohl im frühen Frühjahr als auch zu Herbstbeginn ist eine Erhöhung der Atmungsaktivitäten des Bodens festzustellen.

Das Vegetationskleid ist, was seine Möglichkeiten der Aufnahme von $CO_2$-Gas betrifft, in erster Linie von der direkten Produktion von $CO_2$ durch den Atmungsprozeß des Bodens abhängig. Reicht diese Produktion für die Pflanze nicht aus, dann wird der Bedarf an $CO_2$-Gas durch Aufnahme aus dem Vorrat an $CO_2$ gedeckt, der in den höheren Luftlagen vorhanden ist.

Um eine maximale Produktion zu erreichen und zugleich die Garantie, daß ein möglichst geringer Prozentsatz an $CO_2$-Gas sich verflüchtigen kann, ist also ein dichtes, homogenes Pflanzenkleid eine absolute Voraussetzung!

In der dünnen, noch nicht verwesten Streulage, in der sich das Scharbockskraut wegen des hier herrschenden günstigen Mikroklimas besonders gern entwickelt, sind alle Voraussetzungen für eine maximale Entwicklung des Lebens im Boden realisiert.

Mit großer, fast explosiver Kraft kommen überall die Scharbockskrautpflanzen zum Vorschein. Die kurze, dichte Wachstumsweise garantiert, daß die Streulage gänzlich mit einer Decke von sehr aktiven grünen Pflanzen überwuchert wird. Regenwasser hält die darunterliegende Streulage feucht und unter den Blättern steigt die Temperatur.

In dieser Situation (Feuchtigkeit und Wärme) sind die Bedingungen optimal für eine schnelle Umsetzung der vorhandenen Streulage.

Der erste neue Humus der Saison ist der des nur für kurze Zeit anwesenden Scharbockskrauts, reich an Phosphaten und Proteinen und eine sehr gute Nahrungsquelle für neue, größere Gruppen Bakterien.

Die leichten Streulagen sind zudem außerordentlich günstig für den Atmungsprozeß des Bodens (wenn dieser gut funktioniert, ist eine gute Gesamtzirkulation im Boden garantiert). Durch die sehr reiche grüne Bedeckung der Bodenoberfläche (z. B. durch eine Decke von Scharbockskraut) findet ein so intensiver Kontakt zwischen produzierendem Gebiet (Boden: $CO_2$-Produzent) und konsumierendem Gebiet (Boden bedeckende Pflanzenschicht: $CO_2$-Konsument) statt, daß fast kein Verlust von $CO_2$ mehr vorkommen kann.

Durch eine Steigerung der gesamten Fruchtbarkeit an Ort und Stelle wird das Terrain attraktiver für anspruchsvollere Pflanzenarten. Außerdem verändert sich, mit durch diese Bereicherung des Bodens, das Gebiet schließlich in ungünstigem Sinn für die weniger anspruchsvollen Arten. Und wie intensiv sich die Knollen des »Himmelsbrotes« dann auch ausbreiten mögen, und mit wieviel Gier diese kleinen Pflanzen von einem bestimmten Gebiet Besitz ergreifen, am Ende wird diese eifrige Aktivität dem Scharbockskraut doch wieder zum Verhängnis!

Der Rückzug des Scharbockskrauts aus einem bestimmten Gebiet entspricht dem der Brennessel. Die Pflanzen werden kleiner, die Größe der Blätter nimmt ab, die Ausbreitungsdichte geht zurück, und schließlich wird das Gebiet den Nachfolgern im System übergeben.

Jäten stört die skizzierte Entwicklung so, daß der Zeitraum, in dem sich dies alles doch vollziehen *muß,* nur noch verlängert wird. Die Folge davon ist Jäten ohne Ende! Und das »Himmelsbrot« wird genau so lange auf die Erde herabregnen, bis der Mensch gelernt hat, nutzlose Arbeit zu unterlassen.

Zum Schluß noch etwas über den Holunder, um noch eine Funktion zu verdeutlichen, die von einer guten geschlossenen Bodendecke erfüllt wird. Und gerade über den Holunder, weil

er sich den beiden soeben behandelten Pflanzen hinsichtlich der Forderungen anschließt, die er an Nahrung, Feuchtigkeitsgrad und Bodenstruktur stellt.
Seine Abstammung ist nicht besonders vornehm. »Rose der Armen« wurde er im Volksmund genannt, weil er auf den kleinen Höfen der Tagelöhner die am häufigsten vorkommende Pflanze war. Der kräftige Wuchs der Holunder, die dicht gruppiert gegen die oft kümmerlichen kleinen Wohnungen standen, erwies sich als eine vorzügliche Eigenschaft, um die unordentlichsten Teile des Hofes schnell in ein verhüllendes Mäntelchen zu stecken. Im Vergleich zu der echten, kultivierten Rose hatte der Holunder einige Vorteile. Seine Zweige liehen sich gut zur Herstellung von kleinen Flöten, seine Blüten konnten dem Teig für Pfannkuchen beigemengt werden; außerdem konnte man aus den Blüten ein herrliches Getränk bereiten; die großen, flachen Dolden schwarzer Beeren erwiesen sich als sehr geeignet zur Bereitung von Konfitüre und als außerordentlich beliebte Nahrung für Vögel.
Letzteres brachte natürlich auch Nachteile mit sich, denn die weiße Wäsche, die auf der Bleiche lag, nahm durch den Auswurf der dankbaren Vögel schnell das Aussehen einer schwarzbunten Kuh an.
Der größte Ärger, der durch diese eigenwillige Pflanze verursacht wird, ist jedoch der, daß sie sich gerade mit Hilfe dieser sich überall ausstreuenden schwarzen Beeren mit enormer Geschwindigkeit beinahe des gesamten Terrains bemächtigt.
Also ein aufdringlicher, brutaler Tyrann! Es ist jedoch die Frage, ob diese Schlußfolgerung richtig ist. Machen wir hier nicht denselben Fehler wie in dem schon genannten Fall vom Menschen in Not, dem man zumutet, Tulpenzwiebeln als Nahrung zu akzeptieren? Das Verhalten des Menschen, der sich in einer Notsituation befindet, wird von dieser Situation bestimmt!
Mit dem Holunder und eigentlich mit all denjenigen Pflanzen, die wegen ihrer sogenannten »wilden« Verbreitung in das gleiche schlechte Licht geraten sind, ist es nicht anders bestellt. Auch der Holunder paßt sein Verhalten den Umständen an. Die Tagelöhner von früher galten als »eigentlich doch recht ordentliche Leute«, und sie sorgten darum dafür, daß ihre kleinen Höfe gut unterhalten waren. Der Holunder mochte das

*Abb. 58*

*Abb. 59*

Gerümpeleckchen wohl prächtig dem Blick zu entziehen, der Rest des Hofes wurde schön »sauber« gehalten, so daß man trotz der Armut als »ordentlich« angeschrieben blieb.

Nun, es sind gerade diese Umstände, die dem Holunder im Gärtchen des Tagelöhners die Chance gaben, sich als Potentat zu betragen. Von dem Überfluß an Beeren gerieten sicher viele in den sauber geharkten Teil des Gärtchens.

Durch das Fehlen einer den Boden bedeckenden Pflanzenschicht fielen die Samen nun in offene Erde und konnten dort schnell keimen, da sehr viel Licht ungehindert zu den jungen Keimlingen durchdringen konnte.

Die Arbeit des Menschen wirkte hier also stimulierend auf die Ausbreitung des Holunders, so daß dieser sich als wahrlich lästiges Unkraut benehmen konnte.

Außerdem fehlte dem Holunder in dieser Situation die nötige Konkurrenz einer ausgedehnten botanischen Gesellschaft. Beide Faktoren zusammen haben dafür gesorgt, daß der Holunder in Holland den unverdienten Namen *onhebbelijke woekeraar* (grober Wucherer) bekommen hat. (Der Amerikanischen Vogelkirsche, *Prunus serotina,* ist es ähnlich ergangen; auch diese hat ihren schlechten Namen bekommen, weil sie in fast abgeholzten, kahlen Wäldern als Bodenverbesserer eingeführt wurde. Auch ihre Art des Auftretens wurde zu unrecht von einer Monokultursituation her beurteilt).

Die Sämlinge des Holunders brauchen für eine gute Entwicklung sehr viel Licht. Fällt der Same in ein dicht geschlossenes Pflanzenkleid, das den Boden völlig bedeckt, dann ist die Situation unter diesem Pflanzenkleid eine gänzlich andere, das Licht ist viel schwächer und diffuser und entspricht so nicht mehr den Anforderungen, die von den Holunderkeimlingen für ihre Entwicklung gestellt werden.

Die drei Holunder, die ich in direkter Umgebung meines Hauses gepflanzt habe, haben denn auch, da in meinem Garten kein Quadratzentimeter unbedeckt ist, nicht die geringste Chance, sich auszubreiten. Obwohl sich alle Holunderbeeren schon jahrelang üppig ausstreuen konnten, hat sich nicht ein einziger Keimling in diesem äußerst dynamischen Milieu entwickeln können.

*Abb. 58/59 Th. A. M. van Keulen:*
»Alles wächst außerhalb aller Proportionen; die Wohnblöcke, die Straßen, die Fabriken und der Ackerbau. Dabei verlieren wir den menschlichen Aspekt aus den Augen.«

*W. J. A. Snelder:*
»Es ist technisch keine Kunst, eine Stadt in fünf Jahren aus dem Boden zu stampfen. Es ist aber wohl eine Kunst, das passende Grün dazu zu schaffen.«

*Kommentar*
Die einzige Möglichkeit, das Grün innerhalb der Stadt besser funktionieren zu lassen, ist die, daß man die Grünanlagen nicht wachsen läßt, *nachdem* die Bauarbeiten beendet sind. Es ist besser, daß die Bepflanzung der Bebauung vorausgeht.

In Frankreich sagt man, wenn man über den Holunder spricht: *Il tire de l'eau,* wörtlich: »Er zieht Wasser«, und gerade um dieses Ziehen, oder besser, dieses Anziehen, geht es!

Man rechnet den Holunder zu den flach wurzelnden Sträuchern.

Wir haben außerdem gerade den Holunder als Beispiel herangezogen, weil er üblicherweise da zu finden ist, wo die Ansiedelungsbedingungen für Brennesseln und Scharbockskraut mit denen des Holunders korrespondieren.

Jeder Baum wirkt von Natur wie eine Art Pumpe. Große Mengen Wasser werden angezogen, aufgesogen und auf dem Weg über das Blattwerk wieder verdampft.

Durch diese pumpende Wirkung kann man den Baum auch als günstiges Hilfsmittel zum Anziehen großer Mengen von Grundwasser ansehen. Auf diese Weise wirkt er deutlich mit an der Verhinderung von Ausspülung, auch wenn hier keine Ionen gebunden werden, sondern einfach das Tempo des Grundwasserabflusses verringert wird. Da der Holunder hoch und stark horizontal wurzelt, trägt er dazu bei, daß in der obersten Schicht des Bodens, die am stärksten der Austrocknung ausgesetzt ist, die Feuchtigkeit auf einem solchen Niveau gehalten wird, daß das Wachsen von Scharbockskraut und Brennesseln möglich ist (Scharbockskraut und Brennesseln kommen auf trockenen Böden nicht vor).

Wenn man den Holunder nicht akzeptiert, vergrößert man also die Möglichkeit, daß der Feuchtigkeitsgrad schnell unter einen bestimmten Wert absinkt. (Dies wird noch dadurch beschleunigt, daß dann auch die Schattenwirkung eines dichten Laubdaches nicht mehr vorhanden ist). Die Folge ist, daß z. B. Scharbockskraut weniger oder überhaupt nicht auftritt; die Folge davon ist wiederum, daß Streulagen nicht bedeckt werden und unter dem Einfluß von Sonne und Wind schneller austrocknen; die Folge davon ist dann, daß der Umsetzungsprozeß langsamer verläuft; die Folge davon, daß die Nitratbildung weniger stimuliert wird; und davon die Folge, daß Brennesseln weniger üppig wachsen und dadurch oft während längerer Perioden anwesend sind.

Natürlich können wir diese Reihe »zurück« noch weiter verlängern; aber es geht hier nur darum zu zeigen, daß das Entfernen eines einzigen wichtigen Bestandteiles aus einem Vegetationssystem die Erde bildenden Prozesse sehr verlangsamen oder sogar ganz zum Stillstand bringen kann.

Neben den vielen nützlichen Eigenschaften, die die »Rose der Armen« besaß, im Gegensatz zur echten Rose, die nur ästhetische Qualitäten mit dem Besitz eines herrlichen Duftes zu kombinieren versucht, muß also die Fähigkeit des Holunders, Wasser zu binden, besonders hervorgehoben werden.

Ausschaltung des Holunders aus einem bestimmten Prozeßverlauf muß darum aus den genannten Gründen als unerwünscht angesehen werden!

Noch wichtiger: Seine außerordentliche Resistenz gegen Verschmutzung (Industrieabgase) macht ihn hervorragend dafür geeignet, Wohngebiete, die notwendigerweise in der Umgebung von Industriezentren liegen, so bewohnbar wie möglich zu machen.

Die Beispiele von Schnecke, Regenwurm und Kröte, von Brennessel, Scharbockskraut und Holunder sind herangezogen worden, um zu zeigen, daß durch das Zutun des Menschen der Ablauf natürlicher Prozesse in hohem Grade gehindert, in vielen Fällen selbst ganz und gar unmöglich gemacht wird. Der Mensch hat sich selbst in eine solche Position manövriert, daß er fast gezwungen wird – auch wenn das Verständnis für eine notwendige Kursänderung wächst – seine degradierenden Eingriffe fortzusetzen!

Den angeführten Beispielen muß nun noch eine Betrachtung über die Haltung folgen, die der Mensch gegenüber den beiden Elementen Wasser und Feuer einnimmt.

Es ist so gut wie undenkbar, daß unsere Arbeit, die die Degradation fördert, im Hinblick auf einen guten Wasserhaushalt günstig wirken sollte.

Es ist mehr als deutlich, daß die Substanz des Wassers sich durch unser eigensinniges Auftreten in ungünstigem Sinne verändert hat. Die Entwicklung aller natürlichen Prozesse ist ohne das Vorhandensein von Süßwasser nun einmal ausgeschlossen. Darum ist die Aktivität der Natur so ausgerichtet, daß Süßwasser so lange wie möglich einen Teil von natürlichen Aufbausystemen ausmacht, die sich auf dem Lande abspielen.

*Abb. 60*

*W. Koerse:*
»Die übergroße Mehrheit der Menschen hat Angst vor Unübersichtlichkeit, da diese sie mit Erfahrungen konfrontieren könnte, denen sie nicht gewachsen ist.«

*W. J. A. Snelder:*
»Der Bau einer Wohnumgebung müßte ein Wachstumsprozeß sein; das ist er aber ganz und gar nicht mehr. Früher wuchsen die Städte auf fast natürliche Weise, aber das, womit wir heute zu tun haben, sind ›Explosionen‹.«

*Abb. 61*
*Abb. 62*

*Abb. 60/61/62* Für die übrige Menschheit, die keine Angst vor Unübersichtlichkeit hat, besteht jedoch keine Gelegenheit, der gegenwärtigen Art von Ordnung zu entkommen!
Vielleicht ist es richtig, daß für den Teil der Menschheit, der das Bedürfnis nach Übersichtlichkeit hat, die Wohnungen in der geradlinigen Weise angeordnet werden, die hier gezeigt wird (Abb. 60).
Den Menschen, die keinerlei Bedürfnis nach »Ordnung« und außerdem keine Angst haben, mit der Unübersichtlichkeit konfrontiert zu werden, müßte die Gelegenheit geboten werden, selbst aktiv ihr Lebensmilieu gestalten zu können. So könnte die Wohnumgebung wieder auf der Basis von Wachstumsprozessen entstehen (Abb. 61 und 62).

Wasser, das einmal auf die Erde gefallen ist und wieder ins Meer zurückfließen will, wird von der Natur vor eine unendliche Zahl von Hindernissen gestellt.

Anläßlich des Holunders wurde gesagt, daß Bäume im allgemeinen wie große Pumpen funktionieren. So ist es sehr leicht zu verstehen, daß die ausgedehnten Verwüstungen, die der Mensch gerade in bezug auf die Wälder angerichtet hat, den Wasserhaushalt bereits vollkommen auf den Kopf gestellt haben. Große Teile der Welt sind vollständig in Wüste verwandelt worden; und wir scheinen noch immer nicht zu bemerken, daß das Vorhandensein von Wasser gänzlich vom Umfang des Waldbestandes abhängt.

Darum ist es unbegreiflich, daß Maldague behauptet, die wichtigste Funktion des Waldes sei die Lieferung von Bauholz. Eine solche Aussage kann ihren Beweggrund nur darin haben, daß man dem Menschen im gesamten natürlichen System eine zentrale Position zuerkennt. Von größerer Bescheidenheit würde eine Aussage zeugen, nach der die wichtigste Funktion des Waldes darin läge, den Fortlauf aller Lebensprozesse zu garantieren. Eine nützliche Verwendung von Bäumen für die Lieferung von Holz ist eventuell möglich. Mißbrauch aber wird bestraft! Die Rache des Waldteufels war fürchterlich, denn das Wasser hat sich, in dem Maße, wie die Wälder verschwanden, dem Menschen gegenüber immer feindlicher betragen! Um das unbeherrschte Auftreten des Wassergeistes jedoch noch so weit wie möglich in gute Bahnen zu lenken und die oft großzügigen Gaben des Pluvius so ordentlich wie möglich im Meer ankommen zu lassen, haben wir die Dinge reguliert. Reinhold Weimann spricht sich für die Erhaltung von Wasserläufen in ihrer natürlichen Form aus. Dabei fragt er sich, warum fast nirgends mehr das Wasser seine aufbauende Arbeit in der landschaftlichen Struktur verrichten dürfe. Er weist u. a. darauf hin, daß durch unseren Drang, uns so schnell wie möglich von Wasserüberfluß zu befreien, die Stromgeschwindigkeiten zunehmen und die Gefahr der Tiefenerosion größer wird (Gefahr für den Grundwasserspiegel).

Die Antwort auf seine Frage ist natürlich die, daß wir einfach nicht mehr anders können. Das, was jetzt mit dem Wasser geschieht, ist im Grunde auch wieder auf einen fundamentalen

Fehler zurückzuführen. Den Fehler nämlich, daß, wie Maldague in seiner Beurteilung der Funktion des Waldes, der Mensch eine zusätzliche Eigenschaft des Wassers, nämlich seine Befahrbarkeit, zur wichtigsten Funktion gemacht hat. Man könnte sich vorstellen, daß der erste Mensch, der die Möglichkeit des Befahrens entdeckt hat, niemals habe vermuten können, daß der Fluß später als »Wasserweg« funktionieren würde. Man kann sich jedoch nicht vorstellen, daß wir, nun wir stets mehr mit den nachteiligen Folgen dieser falschen Entwicklung konfrontiert werden, dem einmal eingeschlagenen Weg weiter folgen!

Daß die Wasserwege infolge der industriellen Revolution eine immer wichtigere Funktion erfüllen mußten, ist die Folge ihnen wesensfremder Entwicklungen. Dazu kommt noch, daß das Wasser als das am besten geeignete Transportmittel für all unsere industriellen Abfallstoffe angesehen wird. Auch diese Entwicklung verläuft kumulativ.

Weil ökonomische Interessen vorangestellt werden, ist also zu erwarten, daß die Wasserläufe so reguliert werden, daß in erster Linie ökonomischen Interessen gedient wird.

Die Folgen dieser Einstellung sind deutlich: Wasserpflanzen müssen verschwinden, Abstände verkürzt, Schleusen gebaut und Uferbefestigungen angebracht werden. Das Resultat all dieser Eingriffe ist schließlich, daß Wasserläufe den Charakter von Abflußrinnen annehmen. Eine Regulierung, die den konstruktiven Beitrag des Wassers zur Entstehung natürlicher Prozesse fortsetzt, ist unter den heutigen Umständen schwer realisierbar.

Dazu wäre es notwendig, dem Wasser mehr freien Lauf zu lassen. Dann würde es tiefer gelegene Landstriche überfluten, und dadurch würde in diesen Gebieten die Feuchtigkeit zunehmen und eine Vegetation von Wasser liebenden Pflanzen zu schneller Entwicklung kommen können (ein Vegetationsaufbau beginnt in feuchten Gebieten schneller als in trockenen). Das Resultat wäre, daß diese Gebiete einfach verlanden und durch nachfolgende Vegetationssysteme schließlich auf dem Wege über die Humusformung über das ursprüngliche Niveau hinauswachsen. Das Wasser würde dadurch wie von selbst seinen Weg wieder nach tiefer gelegenen Gebieten suchen, um

*J. T. de Smidt:*
»Eintönigkeit hängt, ökologisch gesehen, immer mit etwas zusammen, das schnell zustande kommt. Etwas, das langsam wächst, das Zeit hat zu wachsen, bietet Differenzierung.«

*Abb. 63/64* Kirche (gebaut von Vegter), auf geradlinigem Rasen. Straße geradlinig (ca. 1 km). Garten Kennedylaan. Der Teil, der der Kirche gegenüberliegt, ist erhöht auf 1–1,5 m über dem Niveau der Straße. Anwendung von geschwungenen Formen als Kontrast. Abb. 64: Ecke dieses Teiles des Gartens. Durch die Wahl des Materials (Beton und alte Backsteine) wird optisch eine strukturelle Antwort auf die extreme Bauform der Kirche gegeben. Die räumlichen Formen der Kirche setzen sich in der räumlichen Struktur des Gartens fort.
Die Kirchen, die entlang der Kennedylaan in Heerenveen gebaut worden sind, sind alle schnell entstanden. Nach zwei Jahren waren die Bauten fertig. Dieser so realisierten Wohnumgebung werden kommende Generationen niemals mehr etwas hinzufügen können. Die Gebäude sind fertig. Kathedralen entstanden langsam im Laufe der Zeit. Sie verschafften Generationen hindurch denjenigen Arbeit, die kreativ arbeiten wollten.

*Abb. 63*

*Abb. 64*

dort auf dieselbe Weise einen ersten Ansatz zur Bildung neuen Landes möglich zu machen.
Aufgrund der strengen Regulierung der Wasserläufe kann der natürliche Prozeß nicht optimal funktionieren.

Die hier gemeinte Überflutung darf nicht mit gewöhnlichen Irrigationsmethoden verwechselt werden.
Irrigation von Ackerbaugebieten in ariden Gegenden ist notwendig, weil in diesen Landstrichen der Boden nicht anders für die Nahrungsproduktion nutzbar gemacht werden kann. Zwar wird der Boden in diesen Gebieten stets mit Pflanzen bedeckt, aber nach der Ernte ist alles wieder genau so kahl wie vorher, und der ganze Prozeß muß aufs neue beginnen. Durch unsachgemäße Irrigationsmethoden sind weite Gebiete vollkommen in Salzwüsten verwandelt worden.
Infolge der meist extrem hohen Temperaturen, die für diese Gebiete charakteristisch sind, verdampft das Wasser besonders schnell. (Dadurch bekommt das Salz, das in geringem Prozentsatz auch in Süßwasser immer enthalten ist, die Möglichkeit, sich vollständig herauszukristallisieren). Gerade weil es hier um Produktionsgebiete geht, die jährlich auf die gleiche Weise bearbeitet werden, kann der Salzgehalt des Kulturbodens sich schließlich so erhöhen, daß der Boden für Ackerbaukulturen vollkommen ungeeignet wird.

In Holland ist die Menge an Trinkwasser für den Verbrauch nicht ausreichend, um der ständig steigenden Nachfrage entsprechen zu können. (Heutiger [1973!] Verbrauch pro Person pro Tag 95 Liter. In sehr naher Zukunft wird er vermutlich auf 150 Liter pro Tag gestiegen sein.)
Es bestehen Pläne, bestimmte Polder, die einst mit viel Geld dem Wasser abgewonnen wurden, nun wieder dem Wasser zurückzugeben. Unsere Trinkwasserversorgung muß gesichert werden! Außerdem beschließt man, zum Gebrauch von Oberflächenwasser überzugehen. Die Folgen davon können sehr tiefgreifend sein für die Vegetation und also für die Fortsetzungsmöglichkeiten des natürlichen Prozesses!
Aufgrund der technischen Strukturierung unserer Ackerbaumethoden können wir unmöglich dem Beispiel von Ta-chai

Abb. 65

folgen. Das bedeutende Experiment auf dem Gebiet des Akkerbaues, das in Ta-chai in China realisiert wird, zeigt, daß Ackerbaumethoden vollkommen geändert werden können, wenn die Notwendigkeit dazu zwingt. In Ta-chai ist es gelungen, den Düngungszyklus wieder zu schließen, d. h., daß die menschlichen Exkremente wieder auf das Land zurückgebracht werden. Man hat jahrelang darum gekämpft, auf diese Weise vollkommen unfruchtbare Gebiete wieder produktiv zu machen. (Dünger von Fleischessern ist eigentlich nicht gut, aber man hat schließlich eine Methode gefunden, durch die die Verwertung möglich ist.) Die Mißerfolge waren zahllos! Aber am Ende hat man Erfolg gehabt, und heute wird Ta-chai durch seine revolutionäre Arbeitsweise ein Zentrum, das von unzähligen Interessierten, die aus allen Teilen der Welt kommen, besucht wird (manchmal 30 000 Besucher pro Tag!).

Inzwischen spülen wir immer weiter all unsere Düngungsstoffe durch Toiletten weg! Mit dieser Methode verarmen wir den Boden und vergrößern den Nährstoffreichtum des Meeres. Das können wir nur, indem wir große Mengen Trinkwasser verbrauchen! Während wir intensiv damit beschäftigt sind, die Wasserversorgung zu sichern, verbrauchen wir gleichzeitig Unmengen Trinkwasser, weil wir weiter in technischen Strukturen denken, die aus der Anfangszeit der hygienischen Revolution stammen. Jedoch wird, in einer nicht allzu fernen Zukunft, unser System einmal als Schulbeispiel inkonsequenter Denkweise hingestellt werden.

Die ohnehin schon sinnlose Verschmutzung gereinigten Wassers, die täglich auf dem Wege durch unsere sanitären Installationen stattfindet, wird noch weiter verstärkt durch das Propagieren von Waschmethoden, die übermäßigen Verbrauch von Trinkwasser nötig machen. Während die Wäsche doppelt weiß wird, verschmutzen die Wasserläufe und sinkt die Qualität des Wassers. Die Folge ist, daß wir gezwungen werden, nach wirksameren Methoden zu suchen, um mit diesem schlechteren Wasser doch wieder noch weißer zu waschen! Die Folge davon ist wiederum, daß das Wasser immer mehr mit Abfallstoffen belastet wird und immer weniger imstande ist, noch einen vollständigen Ablauf des natürlichen Prozesses zu garantieren.

Und wenn dann aus London berichtet wird, daß in der Themse

wieder ein Fisch schwimmt, dann ist dieser eine Fisch mit der einen Schwalbe zu vergleichen, die noch keinen Frühling macht!

Stärker ausgedrückt: Ein derartiger Bericht suggeriert einen Zustand, der nicht existiert! Es geht nämlich der Eindruck von ihm aus, als wäre der wirkliche Zustand gar nicht so schlimm! Wieder einmal wird uns etwas suggeriert, damit wir doch vor allem die angeblichen Lichtpunkte nicht aus den Augen verlieren.

Leider ist die Anwesenheit einzelner Fische keinerlei Beweis. Man kann erst dann annehmen, daß es den Engländern gelungen sei, das Wasser der Themse wieder auf ein vernünftiges Niveau von Sauberkeit gebracht zu haben, wenn der gesamte Wasserhaushalt wieder funktioniert. Das wird dann der Fall sein, wenn die Mikrowelt des Wassers und der Bestand der Wasserpflanzen vollständig und in Ehren wiederhergestellt sind. In der Situation, in der wir uns jetzt befinden, ist dies vollkommen unerreichbar! Trotzdem werden wir weiterhin daran arbeiten müssen, die Realisierung eines natürlichen Wasserhaushaltes so weit wie möglich zu fördern. Daß Ta-chai uns auch im Hinblick auf dieses Problem etwas lehren kann, ist deutlich.

Es ist jedoch unvorstellbar, daß man im Westen, wo der Jubelruf über die Resultate von Kunstdünger noch so deutlich hörbar ist und wo man außerdem die Ackerbauareale eher groß- als kleinflächig entwickelt, die gesetzten Bürger auffordert, ihre Exkremente zu sammeln zugunsten neu zu realisierender Ackerbaumethoden.

In Holland wurden 1972 die letzten Städte, die noch mit Grubensystemen arbeiteten, weil sie nicht an eine Kanalisierung angeschlossen waren (abgelegene, unrentable Anschlüsse), nun endlich mit dieser Segnung unserer »reinlichen« Kultur versehen. Würdenträger und Funktionäre müssen nun nach Ta-chai reisen, um da zu dem Schluß zu kommen, daß unsere Einstellung gegenüber dem Wasser einer gründlichen Änderung bedarf.

Auch das Feuer, eine der wichtigsten Naturkräfte, wird so benutzt, daß die Degradation häufig beschleunigt wird.

Natürlich hängt viel von der Situation ab, in der dies geschieht, aber allgemein kann man sagen, daß in schon degradierten Gebieten Feuer niemals als Mittel angewandt werden darf, uns unerwünschter Vegetationen zu entledigen.

Als der allergrößte Teil Europas mit großen, aneinandergrenzenden Waldkomplexen bedeckt war, war der Blitzeinschlag eigentlich ein sehr wichtiges Naturgeschehen. Wenn Brand die Folge dieses Blitzeinschlages war, dann fiel ein großer Teil des Waldes dem fast vollständig zum Opfer.

Die direkte Konsequenz einer solchen totalen Verbrennung ist die, daß anfänglich eine Steigerung der Fruchtbarkeit der obersten Bodenschichten festzustellen ist (Steigerung des Stickstoffgehaltes). Der ganze Waldbestand ist jedoch so schnell und vor allem so vollständig zu Asche degradiert (großer Energieverlust in sehr kurzer Zeit – Wärmeverlust), daß in diesem offenen Gebiet schnelle Ausspülung droht (vor allem Kaliumverlust).

Sind diese offenen Gebiete jedoch völlig von Wald umgeben, dann wird die Ausspülung weniger nachteilig sein, weil die tief wurzelnden Bäume am Rande des Terrains verhindern, daß wichtige Nährstoffe auf dem Wege über das Grundwasser weitertransportiert werden.

Für große, offene Gebiete jedoch, die nicht mit tief wurzelndem Waldbestand bewachsen sind – und in dieser Situation befinden sich große Teile Europas nach den endlosen Abholzungen zugunsten von Kulturland – ist Abbrennen außerordentlich schädlich.

Als zweite schädliche Folge des Abbrennens neben der Ausspülung muß die selektierende Wirkung angesehen werden, durch die die Zusammenstellung der Vegetationsdecke ungünstig beeinflußt wird. Weil so mit »natürlichen« Mitteln auf einfache Weise Monokulturen entstehen können, wird die Methode des Abbrennens in ökonomisch angelegten Wäldern ziemlich häufig angewandt. Die Bepflanzung großer Flächen im Küstengebiet von Britisch-Columbia mit Douglas-Tannen *(Pseudotsuga taxifolia)* wird durch Brandkulturen ermöglicht. Daß diese Methode der Selektion durch Feuer anwendbar ist, liegt daran, daß bestimmte Pflanzensorten großen Widerstand gegen hohe Temperaturen besitzen (Pyrophyten). Manche Arten können sich erst entwickeln, wenn die Temperaturen bestimmte Werte überschreiten. Bestimmte Arten, die zur Gattung *Arctostaphylos* (Bärentraube) und *Ceanothus* gehören, kommen erst dann zur Entwicklung, wenn die Temperatur 60 °C oder höher ist, weil erst dann die Samen keimen können (Dengler).

Da die einseitige Zusammenstellung der Monokulturen das normale Funktionieren des natürlichen Prozesses verhindert, kommt dieser Prozeß in Gebieten mit Monokulturen zum Stillstand. Dadurch nimmt die Toxizität des Bodens zu und die Gefahr der Übersäuerung wird größer. Wenn man das Abbrennen der obersten Vegetationsschichten endlos fortsetzt, macht man es der Natur unmöglich, die notwendige Vielfalt zu entwickeln.

Außerdem kann sich auf Gebieten, die längere Zeit mit Brandkulturen bearbeitet werden, schließlich nur noch Gras entwickeln (Degradationsklimax).

Da Graswurzeln nur bis zu einer bestimmten Tiefe vordringen können, bleiben die Aktivitäten im Boden auf die oberste Schicht beschränkt. Zufuhr von basisch reagierenden Stoffen, für die meist von tief wurzelnden Gewächsen gesorgt wird, ist bei Graskultur nicht möglich, so daß auch hier der Säuregrad sich schließlich erhöhen wird. Wenn der natürliche Prozeß in seiner Totalität ablaufen soll, müssen möglichst alle Schichten des Bodens aktiv daran beteiligt werden.

So unglaublich es auch vielleicht scheint, es gehen immer noch 70% der Weltproduktion an Laubholz und 30% der Weltproduktion an Nadelholz dadurch verloren, daß es als Brennholz benutzt wird (Boerhave u. Beekman). Wenn man dann noch den Schaden dazurechnet, der durch die Anwendung von Brandkulturen als Methode der Urbarmachung entsteht, dann muß wohl deutlich sein, daß der Mensch die Fortsetzung des natürlichen Prozesses so gut wie unmöglich macht oder diesen doch durch das Schaffen bestimmter Monokulturen sehr negativ beeinflußt. Die Verbrennung von Gartenabfall muß angesichts des Gesagten als eine vollkommen sinnlose Handlung bezeichnet werden, um so mehr, da das Motiv für das Verbren-

nen oft nur in einem unnatürlichen Wunsch nach Sauberkeit und menschlichem Ordnungssinn liegt.
Hinsichtlich unseres Gartens und der städtischen Grünanlagen wäre hier nun der Rat am Platze, den Abfluß von Regenwasser einfach durch den Boden vor sich gehen zu lassen. Es ist jedoch üblich, alles Regenwasser durch Rinnen und Abflußrohre in die Kanalisierung zu leiten, ohne daß es auf normale Weise seine Funktion hat erfüllen können. Das direkte Einbringen von Wasser in den Garten ergibt sehr überraschende Resultate, da Stellen mit relativ höherer Feuchtigkeit entstehen, die außerdem mit dem Grundwasser in Verbindung bleiben (keine geschlossenen Plastikgefäße oder -teiche).

Die extremen Auffassungen, die möglicherweise der Tsembaga-Kultur und den jüngeren Entwicklungen in den Ackerbaukulturen von Ta-chai zugrunde liegen, sind bewußt herangezogen worden, damit wir uns vielleicht eine Vorstellung von einem künftigen Bild der Welt machen können. Da keiner Kulturform ein ewiges Leben beschieden ist, müssen wir davon ausgehen, daß auch unsere technokratische Kulturform einmal zu Ende geht.
Die Träume Jules Vernes sind alle realisiert. So unvorstellbar die Realisierung seiner Ideen für seine Zeitgenossen war, so unvorstellbar ist offenbar heute noch eine Welt, die auf anderen Formen von Energieversorgung gegründet ist als denen, mit denen wir täglich zu tun haben.
Zu einem bestimmten Zeitpunkt in der weiteren Entwicklung unserer Kultur wird die Linie der Geschichte einen absteigenden Verlauf nehmen.
Es hat absolut keinen Sinn, den Versuch zu unternehmen, ein genaues Datum für den Beginn dieser absteigenden Kulturbewegung zu bestimmen. Der Futurologe Fred L. Polak neigt zu der Meinung, daß die heutigen technischen Entwicklungen sich vorläufig im Widerspruch zu den natürlichen Vorgängen fortsetzen werden.
Wenn wir jedoch davon ausgehen, daß unsere Kulturauffassung der der Tsembaga oder der von Ta-chai diametral gegenübersteht, dann ist zu erwarten, daß eine eventuelle Veränderung auf eine Auffassung hin ausgerichtet sein wird, die die

Mitte zwischen diesen beiden extremen Ausgangspunkten halten wird.

Es sind Entwicklungen im Gange, die darauf hinweisen, daß sich in einer nicht allzu fernen Zukunft eine rückläufige Bewegung ergeben wird.

Vorläufig läßt jedoch nichts darauf schließen, daß wir in der Praxis das heutige System in essentiellen Punkten zu verändern wünschen. Die technokratische Gesellschaft breitet sich noch stets aus. Unser Streben ist ganz deutlich darauf gerichtet, dieses System weltweit anzuwenden (Monokultur) und alle bestehenden Kulturen zugunsten dieses Systems zu liquidieren (Verlust der Vielfalt).

Die Konsequenz davon ist, daß die so schwerwiegenden Degradationsprozesse (Boden und Brennstoff) eher beschleunigt als verzögert werden.

Die Hoffnung vieler bleibt darauf gerichtet, daß die ungeheure Menge an Energie, die notwendig sein wird, um die Entwicklung, so wie Polak sich diese vorstellt, zu ermöglichen, durch weltweite Benutzung von Kernenergie gewonnen werden kann. Aber nicht jeder ist davon überzeugt, daß die schier unüberwindlichen Probleme, vor die die Menschheit sich gestellt sieht, auf so einfache Weise gelöst werden können.

François Mauriac, Philosoph und Schriftsteller, sagt in einfachen Worten: »Ich bin unfähig, in einer Welt zu leben, die die Natur zerstört hat.« Diese Feststellung ist ganz nüchtern formuliert. Eine Aussage ohne das geringste Zeichen von Emotionalität. Eigentlich stellt Mauriac eine Bedingung! Er stellt durch diese Art der Formulierung ganz gelassen fest, daß er Teil eines natürlichen Systems ist. Es ist, als ob er, als Vertreter des 20. Jahrhunderts, seine Gedanken in eine Zukunft projiziert, von der er erwartet, daß sie, wenn sie realisiert wird, diese für ihn notwendige Bedingung nicht mehr erfüllen kann. Seine Feststellung wird eine Warnung, etwa in dem Sinne: Was immer die Menschheit auch noch erfinden möge, sie muß bedenken, daß unser Leben bedingungslos an die Natur gebunden bleibt. Und François Mauriac ist sicher nicht der einzige, der seinem Zweifel über die Erhaltung einer guten Beziehung zwischen Mensch und Natur in der nächsten Zukunft Ausdruck gibt.

Abb. 66

J. W. Tesch:
»Fast alle Störungen im Milieu beruhen auf menschlichen Entscheidungen.«

*Abb. 66* Selbst wenn der Mensch von der Natur eine Antwort auf die Entscheidung, die er getroffen hat, erwartet, ist er noch nicht bereit oder imstande, sich an den Rhythmus anzupassen, in dem die Natur diese Antwort geben wird. Die Herausforderung der heutigen Generation an die Natur ist unendlich viel größer als die des Bauern, der früher einen Baum benutzte, um Draht daran zu befestigen. Der Baum war imstande und hatte auch die Möglichkeit, eine Antwort auf diese Herausforderung zu geben. Das Resultat? Vier schön geformte Verwachsungen an der Seite des Stammes. Kleine Ursachen, große Folgen!
Unsere Herausforderungen an die Natur folgen einander so schnell, daß die Natur nicht fähig ist, in derselben Weise zu reagieren, in der sie es bei diesem in einer Ecke des Waldes vergessenen Baum getan hat. Wenn kleine Ursachen schon große Folgen haben, dann werden wir sicher große Folgen von der Antwort erwarten müssen, die die Natur einst auf die im Verhältnis viel größeren Herausforderungen geben wird, die wir heute an sie stellen.

Der Architekt Michel Ragon kritisiert die Situation, in der der heutige Mensch leben muß. Er bemängelt die Art, wie das Wohn- und Lebensmilieu des Menschen (das »Habitat«) geschaffen werde. Städtebau sei auch Milieubildung! Städte werden geschaffen, nicht von den Menschen selbst, sondern von wenigen, für Millionen. Das geschehe an Zeichenbrettern; in geschlossenen Büroräumen. Massenproduktion, durch die der Kontakt zwischen Produzent und Konsument verlorenzugehen drohe. Abgesehen von einigen positiven Ausnahmen für die »happy few« sei der Rest eine einzige beängstigende Monokultur! Endlose Reihen gerader Betonblöcke, phantasielos, schamlos, mitleidlos! Kulturwüste!
Symbol technokratischer Evolution.
Ständiger Lärm, Krach. Der Tag verschwinde in Staub, Gestank und Dunkelheit. Das Dunkel der Nacht müsse tausendfältigem Licht weichen. Boshaft blinzelnde Lichter auf allen Galerien der Wohnblocks. Ausschaltung des Menschen, Ausschaltung der Natur.
»Wohnblocks!« : »Entgleiste Güterwagen!«
»Menschen!« : »Sklaven eines Systems!«
Seine Charakterisierung zeigt merkwürdig viele Übereinstimmungen mit dem Urteil eines alten französischen Möbeltischlers. Wenn diesem die Frage gestellt wird, wie er über die gegenwärtige Architektur denke, antwortet er: *Maisons? – Caisses d'emballage!* (»Häuser? – Verpackungskisten!«).

Übrigens ist die Gefahr groß, daß Mauriac und Ragon zusammen mit allen anderen reaktionären Naturfanatikern in einen Topf geworfen werden. Das sind doch alles Menschen, die nicht an unserem Fortschritt mitarbeiten wollen und die Tagträumen über ein »Zurück zur Natur« nachhängen. Zuunterst in diesem Topf voller Kulturpessimisten liegt der Leichnam Jean-Jacques Rousseaus, des Mannes, der schon 1750 einen Wegweiser aufzustellen wagte mit der Aufschrift: »Zurück zur Natur!« Obwohl wir mehr als zweihundert Jahre später leben, ist der »Topf« offenbar noch immer ein dankbarer Ablageplatz für Naturfanatiker. Würde man sich, getrieben von einer gewissen Bequemlichkeit, Mauriacs und Ragons auf dieselbe Weise entledigen wollen, dann geschähe das jedoch vollkommen zu Unrecht, denn weder Mauriac noch Ragon benutzt das Wort »zurück«!

Wenn der eine glaubt, sich von einer Zukunft inspirieren lassen zu müssen, die voller kaum vorstellbarer neuer Möglichkeiten ist, warum sollte der andere dann nicht aus dem reichen Brunnen der Vergangenheit schöpfen dürfen?

Rousseau sah die Natur als ewige Quelle alles Guten, Wahren und Schönen. Und gerade weil diese Quelle ewige Gültigkeit hat, ist es unmöglich, die Natur als Quelle der Inspiration vollkommen auszuschalten.

Victoria Sackville-West träumt! Die Natur als Quelle der Inspiration! Sie will rote, blaue, violette, gelbe, weiße und rosa Gärten. Was für ein Traum (Monokultur)! Sie läßt sich willig mitnehmen nach verlockenden Paradiesen, die von »König Farbe« regiert werden. Paradiese, in Farben wie Topas, Aquamarin und Smaragd; Paradiese mit Vögeln, Schmetterlingen und Käfern in ein und derselben Farbe, die mit der gewählten Farbe von Blumen, Pflanzen und Sträuchern übereinstimmt. Gibt es eine Möglichkeit, dies jemals zu realisieren?

In den Momenten aber, in denen sie nicht träumt, kehrt V. Sackville-West in die Wirklichkeit zurück. Sie erkennt: »Ich habe Grund zu zweifeln.« Jedoch sie begründet diese Feststellung nicht. Mit Schutt als Ausgangspunkt hat V. Sackville-West berühmte Gärten in Sissinghurst (England) geschaffen. Ihre große Sachkenntnis wird sie ihren eigenen Träumen sicher skeptisch gegenüberstehen lassen. Auf der anderen Seite glaubt sie jedoch weiterhin, daß eine solche Utopie einst realisiert werden wird.

Dieses ständige Schweben zwischen Traum und Wirklichkeit scheint ein typisches Kennzeichen aller leidenschaftlichen, besessenen Gärtner zu sein (sowohl der Fachleute wie der Amateure). Und wenn die Natur auf unsere Wünsche eingeht und plötzlich tatsächlich unseren Traumvorstellungen Gestalt gibt, dann können wunderbare Geschöpfe entstehen. Zwergsonnenblumen dicht am Boden, Klettererdbeeren hoch gegen die Mauer, Bananen, die nach Apfelsinen schmecken, Apfelsinen in der Form von Bananen. Träume sind immer im wörtlichen Sinne surrealistisch.

Wenn solch eine Novität in den Augen der Natur jedoch lange

genug bestanden hat, wird sie als degeneriertes Wesen ausgeschaltet (Überleben des Stärksten), und der Mensch kann wieder aufs neue zu träumen beginnen.

Er kämpft jedoch bis zum Ende für die Erhaltung »seines« Geschöpfes (Angst vor Prestigeverlust). Der Energieverlust, den er durch die Anspannung erlitten hat, die er auf sich genommen hat, um die ersehnte Kreation zu realisieren, wird dadurch unnötig vergrößert!

Ist es also unmöglich, ein Maß dafür anzugeben, wie weit wir in unserem Verlangen nach Farbe gehen können?

Wenn wir das natürliche Selektionssystem bewußt als korrigierendes System in bezug auf unsere oft unvernünftig hoch gestellten Ansprüche akzeptieren, dann verfügen wir über eine unfehlbare Meßapparatur. Der Nachteil dieser Arbeitsweise ist allerdings, daß sie erst nachträglich wirkt und außerdem für jedes Gebiet, abhängig von seiner Lage und Größe, andere Werte angibt.

Ich selbst bin ein Liebhaber der gelben Farbe des Cambrischen Mohns *(Meconopsis cambrica)*, und wahrscheinlich deshalb habe ich die Neigung, diese Farbe im Übermaß in meinem Garten einzuführen. Ich lasse jedoch die Pflanze selbst bestimmen, wo der richtige Platz für sie ist. Sie wandert also und steht einmal hier und einmal dort. Sie macht augenblicklich einen bestimmten Prozentsatz der totalen Bepflanzung aus. Diese Menge Mohn ist also der Träger der gesamten gelben Farbe, die für mich in dieser Situation möglich ist. Einst wird die Zeit kommen, in der die Situation sich so verändert hat (Waldklimax – veränderte Lichtbedingungen), daß die Pflanze gänzlich verschwunden sein wird. Wenn also in Ihrem Garten sich Größe und Platz von Farbmustern nie verändern, dann ist das ein deutlich sichtbares Zeichen dafür, daß hier das natürliche System blockiert wird.

Der Zweifel, der sich bei V. Sackville-West hinsichtlich der Realisierbarkeit ihrer Träume erhebt, ließe sich erklären, wenn wir davon ausgingen, daß sie doch, auch wenn sie es nicht sagt, das selektierende System durchaus kennt. Schade, daß sie diese Träume trotzdem an andere weitergibt, die durch kritiklose Imitation nicht von Enttäuschungen verschont bleiben werden.

Indem man den regulierenden Mechanismus der Natur einschaltet, wird man die Unbrauchbarkeit eines jeden Systems zeigen, das bei der Gruppierung von Pflanzen von der falschen Annahme ausgeht, Farbe gebe die richtige Information darüber, wie wir Pflanzengruppen anordnen können.

Was für Farbe gilt, gilt natürlich auch für alle anderen ästhetischen Elemente (Form, Struktur, Linie, Raumwirkung).

Nach einigem Nachdenken muß man doch zu der Schlußfolgerung kommen, daß das Blockieren des natürlichen Systems aufgrund ästhetischer Überlegungen als vollkommen sinnlos bezeichnet werden muß. Also: Keine Bäume beschneiden, weil sie der geraden Linie nicht folgen wollen, die wir, indem wir von der Form unseres Gartenpfades ausgehen, verlangen, sondern die *Pfade* umformen, in Übereinstimmung mit dem Wuchs des Ganzen. Im Garten muß die Natur der Meister sein, und der Besitzer ist der Lehrling. Der Lehrling ist beim Meister zu Besuch. Als Gast unterwirft man sich den Regeln des Hauses. Eine Situation, in der der Lehrling den Meister empfängt, mit anderen Worten, in der der Mensch zum Gastgeber wird und die Natur zu einem Besuch einlädt, ist undenkbar.

Wenn Sie jedoch darauf beharren, selbst beschließen zu dürfen, wie Sie dieses Verhältnis zu sehen wünschen, wollen Sie dann in jedem Falle so höflich sein, wenn Sie schon die Natur einladen, diesem Besucher nicht außerdem noch eine Reihe von Gesetzen und Vorschriften aufzuerlegen, nach denen der »Gast« sich betragen soll.

In größerem Zusammenhang gesehen, sind die Träume von V. Sackville-West allerdings von keinerlei Bedeutung. Der Mensch träumt jedoch auch von Dingen, die weniger unschuldig sind als der Wunsch nach einer Monokultur von einfarbigen Gärten. Solange er, dazu imstande durch sein Denkvermögen, seine Arbeit zu erleichtern sucht durch die Herstellung von Werkzeugen, aber selbst, dazu wiederum imstande durch die vorhandene potentielle Energie, als Motor fungiert, so lange findet keine wesentliche Veränderung im Verlauf des natür-

*Abb. 67/68* Anpflanzung von Buchen *(Fagus sylvatica)* in Monokultur. Da hier eine einseitige Bepflanzung angebracht worden ist, muß man mit einer unmittelbaren Verringerung all jener Aktivitäten rechnen, die eine gute Humusbildung fördern (S. 80). Und da sich diese Aktivitäten verringern, wird das abgefallene Laub langsamer umgesetzt. Infolgedessen verringert sich die Aktivität noch mehr.

Monokulturen lösen also eine Entwicklung aus, die auf alle Bodenaktivitäten stark behindernd wirken kann.

Im Randgebiet desselben Waldes (Abb. 68) entsteht eine Situation, die durch eine größere Vielfalt an Pflanzen gekennzeichnet ist. Diese Situation stimmt mehr mit den Bedingungen überein, die auf Seite 80 beschrieben wurden. Die Humusbildung wird also wieder schneller verlaufen.

Außerdem wird in diesem Falle auch der Umsetzungsprozeß des Laubes oberhalb der Erde beschleunigt, da das Mikroklima dicht oberhalb des abgefallenen Laubes durch die Vegetation günstig beeinflußt wird, die über das Laub hinausragt. Bei höheren Temperaturen verläuft der Zersetzungsprozeß schneller (bei einem günstigen Feuchtigkeitsgrad). Und die anwesende Vegetation sorgt für den richtigen Feuchtigkeitsgrad.

Abb. 67

Abb. 68

lichen Prozesses statt. Meist ist die Folge dieser Änderung seiner Arbeitsmethode nur eine Beschleunigung des Degradationsprozesses. Dieser Zustand ändert sich jedoch in dem Moment, da Handarbeit durch maschinelle Arbeit ersetzt wird. Die Degradation spielt sich dann nämlich noch erheblich schneller ab. Außerdem wird das Milieu in viel ernsterem Maße angegriffen als vorher. Die Menge potentieller Energie, die der Mensch aus seiner Nahrung schöpft, wird nun nicht mehr verbraucht (»Trimm-Kultur«). Die Folge ist, daß Energie verlorengeht. Die Maschinen werden mit fossilen Brennstoffen gefüttert. Endlich fühlt der Mensch sich befreit von der »unmenschlichen« Arbeit. Die Konsequenzen der Realisierung dieses Wunschtraumes sind bekannt. Keine Entwicklung hat sich jemals so schnell vollzogen. Unser Maschinenpark hat gigantische Ausmaße angenommen (ungeheure Steigerung des Energieverbrauchs). Mit der Robotergesellschaft als Endpunkt vor Augen ist die Menschheit immer noch damit beschäftigt, ihrem technischen Weltbild weiterhin Gestalt zu geben. Inzwischen wird der Leistungszwang so überwältigend groß, daß wir uns bis zum Äußersten anstrengen müssen! Wie bei den Züchtern (Suchen nach neuen Arten) beginnt es danach auszusehen, daß Mühe und Opfer, die man auf sich nehmen muß, oft ihre Motivation nicht nur in dem so sehr ersehnten »Fortschritt« haben, sondern häufig auch durch begreifliche Angst vor Prestigeverlust verursacht werden! (Aufgabe der Realisierung des Concorde-Planes – Grenze der Entwicklungen in der zivilen Luftfahrt erreicht.) Die Technik ist »unsere« Schöpfung. Wir begreifen nicht, daß das selektierende System der Natur auch auf diese Schöpfung wirken wird (der Mensch als biologische Einheit kann sich diesem selektierenden System nicht entziehen). Erschöpfung aller Brennstoffvorräte auf der Erde ist ein natürlicher, selektierender Faktor, der technische Entwicklungen aufhält (oder ganz abbricht). Die Menschheit ist heute in ein Kopf-an-Kopf-Rennen mit der Zeit geraten, um Lösungen für die Probleme zu finden, die den weltweiten Gebrauch von Kernenergie möglich machen müssen, ehe die natürlichen Energievorräte erschöpft sind.

Der Verbrauch von Brennstoff ist unglaublich hoch! In den kommenden zehn Jahren* wird eine Menge an Erdöl verbraucht werden, die mit der Menge übereinstimmt, die bis heute von der gesamten Menschheit in der Geschichte verbraucht wurde.

Wir betragen uns weiter wie Besessene (Destruktion und Energieverlust durch Energie verschlingende Kriege). Produktion erhöht, Arbeitszeiten verkürzt; endlich Ferien! Maschinen laufen. Schornsteine reichen bis in den Himmel. Die Erde verschmutzt; endlich Ferien! Nicht zu sättigen sind all die technischen Monsterapparate! Jeden Tag geht auf der Welt eine Menge an Energie verloren, die ungekannten Mengen potentieller menschlicher Energie (Handarbeit) äquivalent ist. Aber die Feuer, die vom Menschen selbst unter den gigantischen Hochöfen angezündet worden sind, die für unsere Zukunft arbeiten, fordern immer weiter Brennstoff! Ferien werden länger, viertägige Arbeitswoche. Gigantischer Strom von minderwertigen Produkten! Keine haltbaren Artikel. Endlich Ferien!

Begonnen als Traum, aber anders als der unschuldige Traum von V. Sackville-West, hat sich dieses »Produkt unserer Schöpfung« inzwischen zu einem Alptraum ausgewachsen. Fieberhaftes Suchen nach neuen Möglichkeiten zur Deckung des Energiebedarfs in der Zukunft! Inzwischen mit beiden Händen die Hähne weiter aufdrehen, um noch breitere Ströme Energie in unsere Produktionszentren fließen zu lassen.

Die Brennstoffvorräte schienen unerschöpflich. Aber die Böden von Brunnen werden sichtbar, von denen man dachte, daß sie bodenlos seien! In beschleunigtem Tempo arbeiten wir auf eine Klimax hin.

Bei dem Wegweiser, den Rousseau aufgestellt hat, versammeln sich inzwischen immer mehr Menschen!

Gerade weil die Zahl der Menschen zunimmt, die zu Recht oder zu Unrecht die Losung Rousseaus wiederholen, wird langsam deutlich, daß man sich dieser Gruppe auf die Dauer nicht entledigen kann, indem man sie einfach zum Sammelpunkt verweist: dem Wegweiser Jean-Jacques Rousseaus. Allerdings gehen beruhigende Berichte ein. Wir werden versu-

---
* Die holländische Originalausgabe erschien 1973 (Anm. d. Übers.).

*Abb. 69* Bäume können manchmal dort wachsen, wo dies – z. B. durch einen zu geringen Kalkgehalt im Boden – eigentlich unmöglich sein müßte (Liebigsches Gesetz!). In einem solchen Falle wird der doch unentbehrliche Kalk auf dem Wege über das Grundwasser oder das Regenwasser angeführt werden müssen. C. H. Gimmingham gibt Beispiele für den Einfluß des Regenwassers auf Heidevegetationen. Heideboden ist kalkarm, aber die Heidevegetation ist durch einen relativ hohen Kalkgehalt gekennzeichnet. Die Verluste an Kalk, die durch Abbrennen von Heide *(Calluna)* entstehen, werden ausgeglichen durch Zufuhr von Kalk auf dem Wege über das Regenwasser (in bestimmten Distrikten in England 8 kg Kalk pro ha pro Jahr. Bei Brandzyklen von zwölf Jahren ergibt sich sogar eine Zunahme des Kalkgehaltes). Zugleich mit den übrigen Nährstoffen – die durchaus in ausreichendem Maße vorhanden sein können – wird der bereits gelöste Kalk unmittelbar durch die Haarwurzeln aufgenommen. Der größte Teil dieses Kalks wird in die Nadeln und Blätter transportiert (Birkenlaub: hoher Prozentsatz an Kalk, wodurch die Birke in Gebieten mit einem zu hohen Säuregrad regenerierend wirken kann). Wenn die abgefallenen Nadeln und Blätter liegenbleiben, dann wird die oberste Schicht der Erde mehr Kalk enthalten als die tiefer gelegenen Schichten (F. Hartmann). Für Wälder, die unter diesen Umständen wachsen müssen, ist eine Senkung des Grundwasserspiegels katastrophal! Man wird sich immer erst gründlich davon überzeugen müssen, ob die anwesende Vegetation für ihre Nährstoffe *ausschließlich auf die Zufuhr auf dem Wege über das Grundwasser angewiesen ist*. Geht man nach der Senkung

chen, das ökonomische Wachstum einzudämmen! Wir suchen nach Methoden, um auf Recycling-Prozesse überzugehen! Wir werden bessere Analysen von dem machen, was wir tun, und von der Verschmutzung! Wir werden alles tun, um die Weltbevölkerung sich nicht noch weiter vermehren zu lassen! Der Mensch, als Sklave dieses Systems, wird aufgefordert, sich freiwillig sterilisieren zu lassen (Natur ausschalten), damit wir noch einige Zeit mit unserem System von heute (Stabilisation der Weltbevölkerung als Voraussetzung) auf der Stelle treten können.

Alle diejenigen, die glauben, daß ein Anhalten der technischen Evolution möglich ist, und dazu diejenigen, die zu der Ansicht neigen, daß wir nur vorwärts und niemals zurück können, sie alle müssen realisieren, daß die Linie der Geschichte eine geschwungene Linie ist und daß »vorwärts« also auch einmal bedeuten kann, daß wir uns abwärts bewegen. Auf jeden Fall müssen sie wissen, daß es kein Stehenbleiben gibt, ebensowenig wie ein Rückwärtsgehen.

Was geschehen muß, ist dies, daß eine zweite Kulturform die Möglichkeit bekommt, sich aktiv zu realisieren.

Wie ist das aber möglich, wenn der Mensch selbst in seiner freien Zeit schon kaum noch vom System loskommen kann? Die Monokultur der Gesellschaft ist, mit Hilfe aller möglichen Medien, bis ins Schlafzimmer vorgedrungen. Es ist dem Menschen unmöglich gemacht worden, einen Teil seines Hauses noch so abschließen zu können, daß er auch nur nachdenken könnte über das, was er zu tun hat.

In dem Land, in dem einst Huizinga den Gedanken formuliert hat, daß die Kultur sich reich entfalten kann, wenn der Mensch, als *homo ludens,* teil hat an der gesamten Gestaltung, in diesem Land wird die menschliche Arbeit zur Sklavenarbeit (Fließband) degradiert und die Erholungsgebiete des Menschen werden für ihn »gestaltet«! In Holland kann es vorkommen, daß wegen finanzieller Schwierigkeiten bestimmter Gemeinden der Bau von »offiziellen Erholungsgebieten« aufgeschoben oder sogar ganz eingestellt wird. In denselben Gemeinden befinden sich Tausende von Menschen, die im Arbeitsprozeß nicht mehr akzeptiert werden. Sollten diese Men-

schen dann nicht, auf der Basis von Huizingas Gedanken, wenigstens ihr eigenes Erholungsgebiet gestalten dürfen?
Diese Arbeit könnte von derjenigen Gruppe aus der städtischen Bevölkerung geleitet werden, die über kreative Gaben verfügt. Während die Stadt an kultureller Verarmung zugrunde geht, sind die Künstler (Teil des kreativen Potentials der Gesellschaft) gezwungen, bei den Behörden um Unterstützung anzuklopfen (Verlust von Kreativität aus dem Ökosystem).
Während die freie Zeit zunimmt, erhebt sich das Problem der Freizeitgestaltung! Eine sinnlose Konfliktsituation hat es niemals zuvor in der Geschichte gegeben.
Inzwischen ist das Schild des Rousseauschen Wegweisers durch ein anderes ersetzt worden. Auf dem neuen Richtungsschild, das jetzt in die Zukunft weist, steht das Wort »Ökologie«. Wenn wir von nun an über unsere Zukunft sprechen, dann müssen wir dies also etwas wissenschaftlicher anpacken als bisher. Der simplen Feststellung von Rousseau, in der Alltagssprache formuliert, fehlt jede wissenschaftliche Basis; sie ist also in den heutigen Laboratorien unbrauchbar!
Das ökologische Etikett hebt alles auf das Niveau der Wissenschaft, alles, was früher in der Gesellschaft ganz normal funktionierte.
Die Gefahr der Entfremdung nimmt zu; das Interesse des einfachen Mannes nimmt ab!
Endlich erlöst von aller Romantik; alles wird ganz *clean!* Das Tragische ist, daß es gerade um den Menschen geht. Da die Ökologie beansprucht, die Beziehungsmuster lebender Wesen zu studieren, sowohl ihre Beziehungen untereinander als auch ihre Beziehungen zu ihrer Umgebung, ist es einfach undenkbar, den Menschen als Schöpfer auszuschließen! Das Wort Ökologie ist abgeleitet vom griechischen *oikos,* was »Haus« bedeutet; aber dann ist es doch völlig einleuchtend, daß niemand besser imstande ist zu bestimmen, wie sein Haus aussehen müßte, als gerade der Mensch selbst. Er wird jedoch immer mehr nur als passiver Zuschauer geduldet, während gerade diese Passivität wiederum in vollkommenem Gegensatz zu allem steht, was angeblich ökologisch sein soll.
Ökologen untersuchen nämlich auch, ob innerhalb einer bestimmten Gemeinschaft die Menge an vorhandener potentiel-

des Grundwasserspiegels zu vollständiger Abholzung des Waldes über, dann ist die Wiederherstellung dieser Vegetation unmöglich.

ler Energie so benutzt wird, daß nur ein Minimum davon verlorengeht (H. P. Odum). Nun, eine Gesellschaft, die auf der einen Seite danach strebt, die Produktion so weit wie möglich zu steigern, und auf der anderen Seite versucht, den Menschen so weit wie möglich aus dem Produktionsprozeß auszuschließen, diese Gesellschaft entwickelt sich in einer Richtung, die derjenigen entgegengesetzt ist, welche auf dem neu angebrachten Schild des Wegweisers suggeriert wird (da in einer solchen Gesellschaft der Energieverlust maximal ist). Jedes ökologische Modell, das realisiert wird, ohne daß dabei das potentielle Arbeitsvermögen und die potentielle Kreativität all derjenigen, für die dieses Modell entworfen wurde, eingeschaltet werden, wird die beklemmende Situation nicht zum Guten verändern, in der wir uns hinsichtlich unserer Energieversorgung befinden.

Die zahlenmäßige Zunahme der Menschen bringt uns jedoch noch weiter in Verwirrung (Überbevölkerung). Das einzige, was wir dagegen unternehmen, ist, daß wir unser technisches Produktionssystem bei jeder Geburtenwelle adäquat ausbreiten, um der gestiegenen Nachfrage nach Konsumgütern entsprechen zu können. Daß es, biologisch gesehen, in erster Linie der Mensch selbst ist, der mit Hilfe seiner potentiellen Energie, die er aus seiner Nahrung gewinnt, für die Erwerbung der gewünschten Produkte wird arbeiten müssen, scheinen wir gänzlich zu vergessen.

China, ein Land, das wegen seiner Überbevölkerung und permanenten Hungersnot bekannt ist, hat es fertiggebracht, diese Hungersnot zu meistern. Eine »gewaltige« Leistung! Die Methode? Einerseits weiterhin Anwendung von Produktionssystemen auf der Basis maschineller Arbeit auf großen Gebieten (Monokultur). Andererseits Wiedereinführung menschlicher Arbeit auf sehr kleinen Gebieten (größtmögliche Vielfalt).

Ein altes Sprichwort sagt: »Wer nicht arbeitet, soll auch nicht essen.« Eine Variante dieses Sprichworts, beruhend auf dem ökologischen Prinzip des minimalen Energieverlustes, lautet: »Wer ißt, soll auch arbeiten.«

Wenn wir dieses Wort akzeptieren, dann müssen wir die Haltung Mességués ablehnen. Mességué war der kontemplative

Abb. 70

Abb. 71

Abb. 72

Abb. 73

*Abb. 70/73* Projekt Kennedylaan, Heerenveen.
Man kann den Boden auch mit Streulagen abdecken (geschnittene und gemahlene Baumrinde). Dazwischen kann man Steine verteilen. Die größten Steine werden zu einem Gehweg zusammengefügt.
Brennessel (*Urtica dioica*)

Bauer aus Gavarret (Frankreich), der seinen Dorfgenossen zufolge »nichts tat«. Man warf ihm ja gerade vor, daß er wohl aß, aber nicht arbeitete.

Mességué war ein intelligenter Mann. Er beschäftigte sich sehr intensiv mit der Natur und versuchte Einblick in das Funktionieren des natürlichen Systems zu gewinnen. Er war zu dem Schluß gekommen, daß der Arbeitsaufwand des Menschen im Verhältnis zu der Arbeit, die durch den natürlichen Prozeß verrichtet wird, *gering zu sein hat*. Er war zu dem Schluß gekommen, daß Arbeit, wenn sie schon getan werden muß, solcher Art sein müßte, daß die natürlichen Prozesse so wenig wie möglich gestört würden (Übereinstimmung mit dem Ausgangspunkt der Tsembaga-Kultur).

Wenn Mességué gebeten worden wäre, eine Definition des Begriffes »Nützlichkeit« zu geben, dann wäre diese Definition eine vollkommen andere gewesen als die seiner Dorfgenossen. Seine Zeitgenossen arbeiteten ja auf der Basis eines Systems, das den natürlichen Prozeß nicht als brauchbaren Ausgangspunkt akzeptieren wollte. Für sie wäre das Maß an Aktivitätsentfaltung normativ für ihr Werturteil gewesen. Sie waren der Ansicht, daß eine Menge nützlicher Arbeit verrichtet worden war, wenn jemand den ganzen Tag lang umgegraben hatte. Sie fanden es denn auch vollkommen normal, daß umgrabende Arbeiter mehr zu essen bekamen, damit sie am nächsten Tag aufs neue imstande sein würden, ihre »nützliche« Arbeit zu tun. Mességué fand diesen Gedanken falsch, weil er an dem »Nutzen« des Umgrabens zweifelte. Für ihn wäre der umgrabende Gartenfanatiker eine unerklärliche Erscheinung gewesen. (Wenn ich selbst jemanden umgraben sehe, fühle ich mich immer geneigt zu fragen: »Haben Sie vielleicht etwas verloren?«) Die Energie, die für dieses Umgraben verbraucht wird, muß im Sinne Mességués als verloren angesehen werden.

Wir haben heute noch ein anderes Motiv für unsere Gartenarbeit. Dadurch, daß der moderne Mensch nur noch sehr wenig körperliche Arbeit tut (Einschalten maschineller Arbeit), sieht er in der Gartenarbeit eine Möglichkeit, seine körperliche Kondition zu erhalten oder diese sogar zu verbessern. So wird Gartenarbeit eine Form der Gymnastik in der frischen Luft, die nützlich ist, weil damit die nachteiligen Folgen der heutigen Arbeitsmethoden aufgehoben werden können (»Trimm-Kultur«).

Mességué hätte dieses Motiv allerdings für falsch gehalten; *für ihn wäre eine »Trimm-Kultur« eine Kulturform gewesen,* bei der wohl Energie verbraucht, bei der aber keine Produktion geliefert würde. *Arbeit ohne Produktion* ergäbe seiner Meinung nach einen maximalen Energieverlust. Aus demselben Grunde, aus dem Mességué dem Umgraben skeptisch gegenüberstand – einer Arbeit, die außerdem den natürlichen Prozeß störte –, hätte er eine »Trimm-Kultur« nicht akzeptieren können.

*Es versteht sich, daß die Haltung Mességués nicht für jedermann normativ sein kann. Wir würden jedoch dem natürlichen System viel weniger Schaden zufügen, wenn wir uns, wo möglich und so weit tunlich, durch eine ähnliche Mentalität lenken ließen.*

So haben wir z. B. für die Arbeiten, die wir in unserem Garten (in den Grünanlagen im allgemeinen) verrichten zu müssen glauben, Arbeitsschemata aufgestellt (Gartenkalender), die in ihrer Einteilung mit unserem Jahreskalender übereinstimmen. Dadurch sehen wir in jedem Jahreszeitenwechsel ein Zeichen, um neue Arbeiten zu verrichten. Die Prozesse, die sich in der Natur abspielen, finden jedoch über einen viel längeren Zeitraum statt als innerhalb eines Zeitschemas, das mit unserer Jahreseinteilung übereinstimmt. Das Verhalten von Pflanzen kann nicht nach einem Jahreskalender bestimmt werden. Und doch muß man leider feststellen, daß gerade das oft geschieht.

Wenn im Frühjahr, nach dem »Pflicht«-Umgraben, die Natur möglichst schnell versucht, die schädlichen Folgen dieser »Bodenbearbeitung« ungeschehen zu machen (Abdecken des kahlen Bodens mit einem Überfluß von ruderalen* Unkräutern), dann entgeht uns die Bedeutung dieser Reaktion der Natur, wenn wir durch das »Pflicht«-Jäten aufs neue kahlen Boden schaffen. Kahler Boden ist unnatürlich! Die Unkrautvegetation muß als eine Form von Notverband angesehen werden,

---

* Ruderalpflanzen sind Pflanzen, die auf stickstoffreichen Schutt- und Abfallplätzen – lat. *rudera* Trümmer, Schutthaufen – wachsen. (Anm. d. Übers.)

mit dem die Natur den kahlen Boden möglichst schnell bedeckt. Läßt man diese Unkrautvegetation in Ruhe, dann werden die allerprimitivsten Formen von Unkraut schnell »höheren« Pflanzen Platz machen.

Was hier geschieht, kann am besten mit der Genesung einer körperlichen Wunde verglichen werden. Die Wunde wird so schnell wie möglich mit einem Schorf bedeckt. Unter diesem Schorf kann sich in Ruhe neue Haut bilden. Ist diese Haut stark genug, um ihre Funktionen wieder normal erfüllen zu können, dann fällt der Schorf ab.

Dadurch, daß wir durch den »Gartenkalender« jedes Jahr aufs neue zum selben Zeitpunkt zu denselben Handlungen verpflichtet werden, kann der natürliche Prozeß niemals in Gang kommen! Alle Arbeit, die nötig ist, um diese »Pflicht«-Handlungen zu verrichten, muß als eine schwerwiegende Form von Energieverlust aus dem Ökosystem angesehen werden. Erst wenn wir uns nicht mehr vorschreiben lassen, was wir jährlich tun »müssen«, sondern uns mehr nach dem richten, was über eine längere Periode hinweg von der Natur getan wird, werden wir die Ideen des Bauern aus Gavarret mehr schätzen.

Sind wir aber überhaupt imstande, uns mehr nach dem zu richten, »was über eine längere Periode hinweg in der Natur vor sich geht«, mit anderen Worten, sind wir imstande, unsere Haltung gegenüber dem Faktor Zeit zu ändern?

Wenn der Innenarchitekt Kho Liang Ie gefragt wird, wie man am besten bewußt ein Interieur gestalten kann, dann antwortet er, daß das nur möglich sei, indem man das Interieur *entstehen* läßt (ständige Ergänzungen über eine längere Zeit hinweg), und *nicht,* indem man das Interieur *in kurzer Zeit vollständig zusammenstellen,* also ein vollständig *fertiges* Interieur ohne Ergänzungen haben will. Seiner Meinung nach muß man den Raum, den man zugewiesen bekommt, mit einem *Minimum* an Möbeln ausstatten. Wenn man mit dieser Einrichtung vertraut genug geworden ist, kann man hinzukaufen, um das Ganze zu vervollständigen. Auf diese Weise kommt das Interieur allmählich zustande, und dieses Zustandekommen wird als *Wachstumsprozeß* gesehen.

Unsere Wohnumgebung, soweit sie nicht vom Interieur bestimmt wird, müßte auf dieselbe Weise gestaltet werden (das Gegenteil ist jedoch der Fall: Stadtteile wachsen nicht, sondern sie werden in sehr kurzer Zeit als *Ganzheiten* geplant und gebaut).

Der beherzigenswerte Rat von Kho Liang Ie für das Interieur der Wohnung müßte auch für die Art der Gestaltung des ganzen menschlichen Lebensmilieus gelten. Denn was für das Interieur gilt (allmähliche Zusammenstellung statischer Elemente), gilt in noch stärkerem Maße für die Gestaltung des Exterieurs, z. B. des Gartens (allmähliche Zusammenstellung dynamischer Elemente).

Alle Elemente, aus denen der Garten besteht, sind dem Wachstum unterworfen. Wenn wir große Mengen Pflanzen zusammentragen, können wir uns schwer vorstellen, was mit dem Platz geschieht, wenn all diese Pflanzen zu größeren Formen heranwachsen. Gerade weil dies so außerordentlich schwierig ist, teilen wir im allgemeinen den Garten lieber nach einfachen, übersichtlichen Schemata ein und versuchen, das Wachstum so weit wie möglich in festgelegten Grenzen zu halten (sinnlose Arbeit – Energieverlust aus dem Ökosystem).

Das allgemeine Prinzip von Kho Liang Ie für Interieurs kann allerdings nicht ohne weiteres für das Entstehenlassen unseres vegetativen Milieus übernommen werden. Füllen wir unsere Umgebung nämlich zunächst mit einem *Minimum* an Elementen und breiten diese Kollektion allmählich aus, dann wird das Prinzip des »unbedeckten Bodens« zu lange aufrechterhalten bleiben müssen, was einen dauernden Kampf gegen die Abdeckungstaktik der Natur bedeutet (Unkrautvegetationen – Schorfbildung).

Wir können dem Rat von Kho Liang Ie trotzdem folgen, aber dann so, daß wir den uns zugewiesenen Raum – den Garten – so schnell wie möglich von einem möglichst variierten Vegetationssystem bewachsen lassen (*Maximum* an Möbeln).
In den ersten Jahren lassen wir die Bestandteile des Vegetationskleides so weit wie möglich selbst bestimmen, wie sie mit- und nebeneinander leben können (Akzeptierung der natürlichen Verdrängung als korrigierendes System). Gleichzeitig

können wir durchaus Durchgänge (Pfade) anlegen, auf denen wir uns durch den ganzen bewachsenen Raum bewegen können.

Diese Arbeitsweise setzt voraus, daß wir während viel längerer Perioden nicht eingreifen. Dadurch gewinnen wir die Möglichkeit, uns mit der natürlichen Gestaltung des Raumes vertraut zu machen. Letzteres stimmt ganz mit dem Rat von Kho Liang Ie überein; er als Formgeber hat besser als irgend sonst jemand begriffen, daß der Mensch genug Zeit haben muß, um sich an neu gestaltete räumliche Situationen zu gewöhnen.

*Hat es überhaupt noch Sinn, in der heutigen Kultursituation (maximale Energieverluste, Ausschluß des Menschen als Schöpfer, Bildung von Monokulturen) über die Ideen Mességués, von Ta-chai, den Tsembaga u. a. (Arbeit und bewußter Umgang mit Energie, der Mensch als Schöpfer und Begründer von Vielfalt) nachzudenken?*

Die Beantwortung dieser Frage ist möglich, wenn die Begriffe Kultur und Gegenkultur richtig interpretiert werden.

Falsch ist die Auffassung, die alle Formen von Gegenkultur als Bedrohung bestehender Kulturformen ansieht. Richtig ist die Auffassung, daß die eine Kulturform eine andere künftige Kulturform gleichsam hervorruft und bestimmt. Jede Kulturform verdankt ihr Bestehen einer vorangehenden Kultur. Die eine ist im Hinblick auf die andere eine Gegenkultur. Toynbee behauptet – was auf dasselbe hinausläuft –, daß die sich abwechselnden Perioden in der Kulturgeschichte ihr Entstehen zwei Elementen zu verdanken haben, nämlich Herausforderung und Antwort.

Die unendlich lange (ca. 4000 Jahre) dauernde Priesterkultur der Ägypter (Monokultur) war schließlich der Anlaß (Herausforderung), daß sich eine Gegenkultur (Antwort) bildete. Diese Gegenkultur wurde durch Elemente determiniert, die vom bestehenden Regime notwendigerweise bekämpft wurden (um der Erhaltung von Ruhe und Ordnung, der Erhaltung der bestehenden Kulturform willen). In Ägypten wurde von Echnaton (ca. 1400 v. Chr.) eine Gegenkultur eingeführt, die eine menschlichere Herrschaft vertrat, im Gegensatz zu dem strengen Regime der Priester. Nach dem Tode Echnatons setzte man alles daran, um seinen Einfluß ungeschehen zu machen.

*Abb. 74*

*Abb. 75*

*Abb. 76*

*Abb. 74* Mehr als ein Jahr alte Reste eines Brennesselfeldes.
*Abb. 75* Im Frühjahr können diese Stengel gebrochen und plattgetreten werden.
*Abb. 76* Jede Pflanze hat ihre eigene charakteristische Schönheit. Unbegreiflich, daß gerade die Brennessel so sehr gefürchtet ist.

*Abb. 77*

*Hedy de Boer-d'Ancona:*
»Nicht jedermanns Ordnung ist dieselbe, und nicht jedermanns Chaos ist gleich.«

*Abb. 77* Die große Vielfalt, die das Kennzeichen aller langsam im Verlauf der Zeit entstandenen Landschaften ist, war gerade die Folge davon, daß verschiedene Menschen mit ihrer eigenen Auffassung von Ordnung und Chaos an der Gestaltung der Landschaft mitgewirkt haben. Das Endergebnis einer Arbeitsweise, die von ökonomischen Gedankengängen bestimmt wird und die natürliche Ordnung als Chaos erlebt, wird die Kultursteppe sein.

Möglicherweise wäre die Geschichte Ägyptens anders verlaufen, wenn man mehr Verständnis für die Erscheinung »Gegenkultur« gezeigt hätte.

Während der römischen Kulturperiode fand die gleiche Entwicklung statt. Wenn *eine* Kultur wirklich im »underground« begonnen hat, dann die christliche Kultur! Diese Gegenkultur wurde in den unterirdischen Katakomben geboren. Es ist nicht verwunderlich, daß gerade die äußerst materialistische Kultur der Römer eine Gegenkultur hervorrief, die die Liebe als höchsten Wert propagierte.

Möglicherweise ist aus diesem Gedankengang über Kulturen und Gegenkulturen zu begreifen, daß die heutige technokratische Gesellschaft eine Gegenkultur mit dem Motto *all we need is love* hervorbringt. Und so wenig wie man früher imstande war, der Gegenkultur innerhalb der bestehenden Kultur reale Entwicklungsmöglichkeiten zu geben, so wenig wird man dazu in unserer Zeit imstande sein. Die harte Lektion, die die Geschichte uns lehrt, ist die, daß die Gegenkultur erst dann Gelegenheit hat, sich voll zu entfalten, wenn die bestehende Kultur zu existieren aufgehört hat. Darin liegt die Ursache der Angst aller Kulturträger, der Angst vor dem Aufkommen jeglicher Form von Gegenkultur; sie sehen in den »Schwachköpfen« der Gegenkultur ihre Totengräber!

Ein Beispiel einer solchen Entwicklung aus jüngster Vergangenheit ist etwa die Überreichung einer Studie an die französische Regierung. Jérôme Monod hat dieser Studie den schönen Namen »Szenario des Unannehmbaren« mitgegeben. Mit im Namen einer Anzahl von Experten, die die Entwicklungen der technokratischen Gesellschaft untersuchen, konstatiert Monod darin:

»Aus Abscheu gegenüber diesem allem (städtebaulichen Entwicklungen, wie diese von Michel Ragon charakterisiert wurden) wird eine große Zahl von Gemeinschaften an der Peripherie der Gesellschaft leben. Parallel dazu werden religiöse Sekten und philosophische Gruppierungen entstehen, die versuchen, den Menschen eine Reihe von beruhigenden Sicherheiten zu verschaffen in dieser immer hartherziger werdenden Welt.«

Monod warnt in dieser Studie davor, daß der »outcast«, der Underground, die Subkultur, die Hippies, »Flower Power«, »Youth for Christ« und viele, viele andere Gruppierungen der Gegenkultur an Zahl zunehmen werden.

Es ist, als ob Monod den heutigen Kulturträgern bewußtmachen wolle, daß durch ihre Haltung die Gegenkultur immer mehr in eine Außenseiterposition manövriert wird. Die Gefahr einer solchen Entwicklung besteht seiner Meinung nach darin, daß Kultur und Gegenkultur in einen immer schärferen Gegensatz zueinander geraten (Zunahme von Konfliktsituationen). Seine einzige Hoffnung ist die, daß der Fehler der Verleugnung von Formen der Gegenkultur nicht wiederholt werden wird; daß man einsehen wird, daß diese Formen von Gegenkultur notwendigerweise etwas mit den bestehenden Kulturen zu tun haben, ihre logische Folge sind und darum als solche anerkannt werden müssen. Es wird Monod nicht entgangen sein, daß der Wegweiser Jean-Jacques Rousseaus mit der Aufschrift »Zurück zur Natur« durch einen Wegweiser mit der Aufschrift »Ökologie« ersetzt worden ist, ebensowenig wie die Tatsache, daß sich am Fuße dieses Wegweisers inzwischen immer mehr Menschen versammeln!

Wenn der Franzose Bouffier (zweite Hälfte des 19. Jahrhunderts) einen Rat hinsichtlich einer Methode geben sollte, die bewußt auf den Faktor Zeit basiert ist, dann würde sein Rat sich insofern von dem von Kho Liang Ie unterscheiden, als Bouffier den Zeitfaktor noch viel umfassender sieht, nämlich als eine Periode, die einem Menschenalter entspricht! Zugleich hofft er dann, daß nach Beendigung der Aktivitäten eines Menschen (nach seinem Tode) das Werk von Nachfolgern fortgesetzt werden wird. Und Elzear Bouffier war nur ein einfacher Schäfer!

Seine Weidegebiete lagen in der Umgebung von Vergons (Französische Alpen – Provence). Infolge der Aktivität, die all seine Schafe (und die seiner Vorgänger) Tag um Tag entwickelt hatten, war von der Vegetation rund um Vergons nicht viel übriggeblieben (Degradation).

Bouffier glaubte, dieser katastrophalen landschaftlichen Entwicklung mit einer Tat begegnen zu müssen. Als Werkzeug stand ihm dazu nur sein Schäferstab zur Verfügung. Das benötigte Material bestand aus Samen, den er selbst von Bäumen und Pflanzen aus angrenzenden Gebieten gesammelt hatte. Vielleicht hat alles nur als Zeitvertreib begonnen. Schäfer sind nun einmal Menschen, die abgeschieden leben und über viel Zeit verfügen. Diese Zeit hat Bouffier genutzt, um den angerichteten Schaden wiedergutzumachen, sofern das in seiner Macht stand. Jeden Samen, dessen er habhaft werden konnte, vertraute er wieder dem Boden an. Mit seinem Schäferstab bohrte er ein passendes Loch in den Boden. Darin verschwanden einige Samen, wonach das Loch wieder zugemacht wurde. Sehr zufrieden zog Bouffier dann weiter, über sein Degradationsheer von Schafen wachend. Ob er sich des Schadens, den er mit seinen Schafen anrichtete, vollkommen bewußt war und dem vorzubeugen versuchte, oder ob er eher intuitiv gehandelt hat, kann nicht mehr mit Sicherheit festgestellt werden. Jedenfalls stehen Wälder rund um Vergons, soweit das Auge reicht.

Wer hat das Werk, das Bouffier auf so einmalige Weise begann, fortsetzen helfen? Dank der Anwesenheit der neu gewachsenen Wälder konnten die für diese Hilfe notwendigen Tiere sich wieder in der Landschaft um Vergons ansiedeln. Säen muß auf natürliche Weise geschehen. Die Methode, die der Schäfer aus Vergons angewandt hat, war allerdings nicht ganz die richtige und sicher nicht die einzige Art und Weise, in der das Säen geschehen muß.

So weit Bouffier. – Was unseren Garten angeht, so kann man sagen, daß auch da meist nicht die richtige Methode angewandt wird. Meistens sät man viel zu tief. Dazu ist man genötigt, weil die so notwendige Humusschicht nicht vorhanden ist (die Konsequenzen dieser Tatsache sind bereits dargelegt worden). Die Geschichte von Bouffier zeigt jedoch, wie effektiv der Mensch mit der Natur zusammenarbeiten kann, ohne Energie (Arbeit) aufzuwenden.

Ist die Situation für die Arbeit mit Samen so günstig wie möglich – reich variiertes Milieu und guter Humuszustand –, dann genügt zum Säen einfaches Ausstreuen. Diese Arbeitsweise ist nämlich die natürlichste. Die vielen Tiere (variiertes Milieu), Wind und Wasser werden dann ihrerseits dafür sorgen, daß der weitere Transport geregelt wird.

Der Eichelhäher *(Garrulus glandarius)* ist ein Vogel, der zum Eichenwald gehört. Er sammelt Eicheln (auch Bucheckern). Ungeheure Mengen werden von diesen Vögeln überall hingeschleppt. So wie Bouffier steckt dieser Vogel alles in den Boden. Die Abdeckung geschieht mit Hilfe von feuchtem Moos und Pflanzenresten (Unterschied zu Bouffier!). Auf diese Weise sorgt der Vogel dafür, daß Samen über große Gebiete verstreut werden.

Außerdem ist Samen Nahrung für Tiere!

Viele Samenarten müssen den Verdauungskanal von Tieren passieren, soll die Keimung überhaupt möglich sein.

Dadurch, daß jedes Tier in der gesamten Lebensgemeinschaft seinen eigenen Platz (seine Nische) hat, werden die Samen systematisch verbreitet.

Als die Wälder, die Bouffier gesät hatte, sich so weit entwickelt hatten, daß die meisten Tiere (Vögel u. a.) wieder zurückkehren konnten, übernahmen diese sofort die Arbeit von Bouffier und sorgten dafür, daß das Säen weiter auf natürliche Weise vor sich gehen konnte.

Wenn wir über »Natur einschalten« sprechen, dann trifft das in vollem Umfang auf die Arbeit des Schäfers aus Vergons zu. Selbstverständlich können Sie in Ihrem Garten dem Beispiel des säenden Bouffier folgen! Wenn nicht beim ersten Versuch gleich großartige Resultate erreicht werden, dann muß man bedenken, daß auch Bouffier sein ganzes Leben lang diese Arbeit fortsetzte. Die Resultate werden auch bei ihm, vor allem zu Anfang, oft sehr entmutigend gewesen sein.

Natürlich gilt für diese Methode, daß der Garten so wenig wie möglich durch unnütze Arbeit (Umgraben, Hacken, Harken usw.) gestört wird. Wenn der Garten dichter zuwächst und sich die Lichtsituation stets ändert, muß man die Zusammenstellung der Samenmischung so weit wie möglich an die sich ändernden Situationen anpassen.

Und auch wenn der Garten dann scheinbar völlig zugewachsen ist und es nach menschlichen Berechnungen nicht mehr möglich ist, daß in dieser Situation der Überfüllung noch Samen zur Entwicklung kommen können, müssen Sie doch weiterhin Samen ausstreuen (Nahrung), weil dies für das Anlokken von Vögeln und anderen Tieren äußerst wichtig ist. (Sie transportieren den Samen dann nach anderen Gebieten). Würde man schließlich, durch die Resultate stimuliert (Geduld!), dazu übergehen, auch außerhalb des eigenen Gebietes Samen auszustreuen (das wäre sehr nützlich), dann könnten von einigen hundert Menschen, vorausgesetzt, daß diese ebenso unermüdlich sind wie Bouffier, wahre Wunder vollbracht werden.

Es versteht sich, daß die Methode Bouffier nicht für alle Länder gleich brauchbar ist.
In Frankreich hält die Landflucht noch unvermindert an. Infolgedessen ist dort auch, ebenso wie in vielen anderen Ländern, das Bäumchen-wechsel-dich-Spiel in vollem Gange. Alle Bauernhöfe nämlich, die von den Bauern verlassen werden, weil die Stadt nun einmal noch immer ihre Anziehungskraft ausübt, werden für hohe Beträge von denjenigen gekauft, die derselben Stadt entfliehen wollen. Auf diese Weise werden große Gebiete frei für Kulturen, die weniger auf Produktion ausgerichtet sind. In dicht besiedelten Gebieten, wo gerade der Bedarf an produktivem Boden besonders groß ist, wird man dadurch in ungenügendem Maße über freien Boden verfügen können. Durch die Situation, in der man sich in solchen dicht besiedelten Gebieten befindet, wird man unmittelbarer mit den Folgen der Degradation konfrontiert! In Ländern, die über viel mehr Boden verfügen, kann man oft hören: »Das ist alles gar nicht so schlimm. Wir haben Platz genug.« Wenn man aber in Kategorien von Weltbürgertum denkt, dann kann man sich nicht so einfach von einem dringenden Problem distanzieren! Die Probleme, vor die sich unsere Nachbarn gestellt sehen, werden einst auch unsere Probleme sein!
Auf den ersten Blick ist man also geneigt, die Arbeitsweise des Schäfers aus Vergons als für überbevölkerte Gebiete weniger geeignet anzusehen. Gerade ein überbevölkertes Land hat jedoch das größte Bedürfnis nach einer möglichst vielfältigen Zusammenstellung des ganzen *Territoriums,* damit möglichst vielen Wünschen aus der Bevölkerung entsprochen werden kann.
Die vollgestopften Städte haben dringenden Bedarf an Ausweichmöglichkeiten und an Orten in der direkten Umgebung, an denen der Kontakt mit der Natur wiederhergestellt werden

kann. Je mehr die Stadt von großflächig angelegten Gebieten (Monokulturen) eingeschlossen wird, desto komplizierter werden die Probleme für die Stadtbevölkerung.

Wenn wir der Peripherie der Stadt (Grenzgebiet zwischen Stadt und Landschaft) eine viel umfassendere Funktion zuweisen als bei dem heutigen System möglich ist, dann haben wir damit gleichzeitig eine Möglichkeit, ein ausgedehntes kleinflächig angelegtes Gebiet zu schaffen, das als Pufferzone zwischen zwei Monokulturen (Monokultur der Stadt und Monokultur der sie umringenden Landschaft) fungieren kann.

Schon 1864 hatte man in Deutschland, auf Initiative des Arztes Daniel Gottlieb Moritz Schreber, mit dem Anlegen von Volksgärten begonnen, den sogenannten Schrebergärten, die heute in allen großen Städten Deutschlands ein Begriff geworden sind. 1956 weist Fritz Eichholtz, Bewunderer und Förderer der Schrebergärten, darauf hin, daß dem Menschen die Gelegenheit gegeben werden muß, *in der direkten Umgebung seines Wohngebietes selbst seine Nahrung anbauen zu können*. Nach gründlicher Forschung hatte Eichholtz herausgefunden, daß die Zahl milieufremder und milieufeindlicher Stoffe, denen der Mensch täglich ausgesetzt wird, die aber nicht von Natur aus in sein Milieu gehören, ungefähr 500 beträgt. Unter diesen Stoffen befinden sich sehr schädliche. Durch die Organisationsform unserer Gesellschaft sind wir in eine Position manövriert worden, in der dieser Situation nur schwer zu entkommen ist. Trotzdem findet Eichholtz, daß jedem, der sich mit dem Blick auf seine Gesundheit dieser Situation entziehen will, die Möglichkeit dazu geboten werden muß.

Im allgemeinen wird jedoch z. B. Schrebergartenkomplexen nur eine minimale Oberfläche zugeteilt. Die Folge davon ist u. a., daß der Mensch, sobald er die Stadt verlassen hat, sich nur noch auf Straßen bewegen kann, weil der restliche Boden in den Händen von Züchtern, Bauern und Eigentümern von Parzellen von Nutzwald ist. Das einzige Argument, warum die Oberfläche dieser Schrebergartenkomplexe so minimal gehalten werden muß, besteht darin, daß wir aus ökonomischen Gründen keinen Produktionsboden mehr hergeben können.

Jedoch gerade dann, wenn das Gebiet der Peripherie der Stadt

*Abb. 78*

viel weiter ausgedehnt wird und wenn diese Pufferzone ganz im Sinne einer Gegenkultur gestaltet wird, gerade dann wird sich zeigen, daß die ökonomische Argumentation nicht stichhaltig ist.

Im Prinzip sollte die Pufferzone (Gebiet zwischen Monokultur und Stadt) aus vier Elementen zusammengesetzt sein, nämlich aus:
1. *sehr vielfältigen Landstreifen* mit einer nuancierten pflanzlichen Zusammenstellung, die die Gebiete, auf denen Monokultur betrieben wird, vollständig umschließen (Verbindungswege zu großen Verkehrsadern);
2. *kleinflächig angelegten Ackerbaukulturen.* Diese jedoch müssen größer sein als die Schrebergärten: kleine Einheiten, auf denen man schließlich eine vollständige Produktion erreichen kann. Über die Verwalter dieser Kleinbetriebe gleich mehr. Die Produkte, die in diesen Kleinbetrieben (kleiner als der Einmannbetrieb von früher) gezüchtet werden, können an die vielen Menschen verkauft werden, die in der Pufferzone wohnen (weniger Verlust durch Transport, Produzent und Konsument wieder näher beieinander).
Der Verkehr zwischen diesen kleinen Gebieten kann über kleinere Wege (menschliches Maß) gehen, die schließlich alle auf die großen Verkehrsadern münden.
Im Rahmen der Politik des marginalen Ackerbaus könnten für diesen Zweck Gebiete freigemacht werden. Diese Art unrentabler Böden ist dafür besonders geeignet. Sie könnten sich nämlich durch andere Kultivierungsmethoden regenerieren (biologisch-dynamisch, makrobiotisch, man denke an Ta-chai und die Tsembaga). Dadurch könnte sogar ein Turnussystem entstehen.
Regenerierte Böden könnten eventuell periodisch für Monokulturen freigegeben werden. Die Grenze zwischen groß- und kleinflächig angelegten Gebieten braucht also nicht als permanent angesehen zu werden. In größerem Rahmen könnte dieselbe Methode von wechselndem Anbau entwickelt werden, die früher bei der Zwei- und Dreifelderwirtschaft angewandt wurde.
Als Begründer dieser Kleinbetriebe müssen angesehen werden:

diejenigen, die in den Monokulturen überflüssig geworden sind; diejenigen, die ein Leben auf dem Lande lieben; und diejenigen, die in der Stadt keinen passenden Arbeitskreis oder keine Vollbeschäftigung finden können (zusätzliche Arbeitsplätze in der Pufferzone). Diese Kleinbetriebe und die sich dazwischen befindenden Landstreifen ergeben ein ideales Übergangsgebiet zwischen einerseits der Monokultur und andererseits den Schrebergartenkomplexen.

3. Die zu bildenden *Schrebergartenkomplexe* ergeben wiederum einen guten Übergang zwischen den Kleinbetrieben und der Gartenkultur des Städters. Die Zielsetzung vieler Schrebergärtner steht nämlich der der zu gründenden, klein angelegten Akkerbaukulturen nahe. Dadurch kann es sinnvoll sein, auch die den Schrebergartenkomplexen zugestandene Oberfläche, wenn erwünscht, zu vergrößern.

4. Die Wohnungen, die auf den Gebieten gebaut werden, können größer sein als die bekannten Gartenhäuschen in den Schrebergärten. Hier kann aufs neue eine kleinräumige Architektur (menschliches Maß) entstehen. Dabei muß man von der Idee ausgehen, daß der Mensch wieder, wie in allen Kulturen, die unserer technokratischen Gesellschaftsform vorausgegangen sind, selbst aktiv in diese Gestaltung einbezogen wird.

Das Vorhandensein einer solchen Form von Architektur, die wichtiger werden muß als die Gestaltung des Gartenhäuschens früherer Zeiten, kann Erleichterung für die herrschende Wohnungsnot bringen. Durch diese Entwicklung wird auch das Bedürfnis nach einem Zweithaus abnehmen (Abnahme der Verkehrsintensität). Die Dimensionen der Elemente innerhalb dieser Wohnkultur sind derart, daß ein guter Übergang zwischen der Strukturvergrößerung in der Stadt und auf dem Lande ermöglicht werden kann. Diese Strukturvergrößerung ist ein Kennzeichen der heutigen Entwicklung in unserer technokratischen Kultur.

Zu Recht hat Jean Dorst in seinem Buch *Avant que nature meure* (Eh' daß die Natur stirbt) darauf hingewiesen, *daß Naturpolitik nicht nur auf den Schutz der Natur gerichtet sein darf.* Darin verbergen sich nämlich große Gefahren! Wenn wir nur noch einzelne Gebiete, die uns von dem bleiben, was mögli-

cherweise einst »Natur« gewesen sein sollte, beschützen und die übrige Welt als verlorenes Gebiet betrachten, dann ist es nur zu deutlich, daß Dorst zu Recht besorgt ist. Wovor »schützen« wir eigentlich? Um noch einmal erleben zu können, was die Folgen vom Regime **des Menschen** sind? Um Reisen per Retourflug nach den Galapagos-Inseln für so gut wie uninteressierte Touristen und Ausflügler zu organisieren (Naturschutz als Einkommensquelle)? Warum eigentlich?
In jedem Falle für wissenschaftliche Zwecke! Botaniker weisen mit Nachdruck darauf hin, daß mehr Gebiete geschützt werden müssen. Sie tun das im Interesse der Konsumgesellschaft. Denn alle Kulturgewächse (Gemüse, Korn, Zierpflanzen), die uns das Leben möglich und angenehm machen müssen, haben ihren Ursprung in wildem Ausgangsmaterial. Die gezüchteten Kulturvarietäten können jedoch nicht während langer Perioden bestehenbleiben. Sie sind anfällig für Krankheiten und werden von der Natur als unerwünscht angesehen (die Natur eliminiert Bastardformen). Die Züchter müssen also nach immer neuen Möglichkeiten suchen, um Varietäten zu ersetzen. Das Ausgangsmaterial, das sie dafür brauchen, wird von den seltenen noch unberührten Gebieten geliefert, wo dieses Material zu finden ist. Die Nachfrage wird jedoch stets größer und die Gebiete, die das begehrte Material liefern können, werden stets knapper. Darum ist definitive Abschließung von Gebieten notwendig, weil sonst zu fürchten ist, daß bestimmte Pflanzen und Tiere aussterben.
Wir müssen also die Wissenschaftler in ihrem Kampf aus Gründen wohlverstandenen Eigeninteresses unterstützen.

Diese Reservate dürfen jedoch keinesfalls in eine zu isolierte Position geraten. Und das ist es, was Jean Dorst beunruhigt. Wenn wir einerseits Gebiete schützen, dann muß andererseits von den geschützten Gebieten her auf bestimmten Wegen (Vegetationsränder) Kontakt mit der Außenwelt möglich bleiben.
Von der Pufferzone her argumentiert, die die Städte umgeben muß, läuft dies darauf hinaus, daß bestimmte Vegetationsränder, die zwischen Monokultur und kleinflächigen Kulturen (Vielfalt) projektiert sind, bis an das Naturreservat durchgezogen werden! Innerhalb dieser Vegetationsränder ist es möglich,

Abb. 79  Jan Kassies:
»Wenn Menschen das Bedürfnis nach Abwechslung und Vielseitigkeit haben, warum schaffen wir dann überall eine eintönige Umgebung?«

nur Fußwege anzulegen, so daß man nicht mit ruhestörenden Transportmitteln zu den Naturgebieten gelangen kann.
Auf dem Wege über diese Durchgänge haben Flora und Fauna die Möglichkeit, bis zu den Schrebergärten vorzudringen und möglicherweise sogar, auf dem Wege über die künstlichen Ökosystemgärten, bis in die Stadt. Schon der große Biologe und Botaniker J. P. Thijsse wies mit Nachdruck darauf hin, daß, wenn es um die Wiederherstellung der Natur geht, vieles möglich ist, daß aber immer ein Kontakt mit Naturterrain bestehenbleiben muß, auch wenn dieser Kontakt manchmal nur

*L. Wijers:*
»So wie die Situation heute in Holland ist, haben wir hier alle durchaus die Befürchtung, daß wir alles zu ordentlich gestalten. Trotzdem erwarte ich noch eine heftige Reaktion, wenn wir es plötzlich weniger ordentlich tun.«

*J. T. de Smidt:*
»Dabei ist es so, daß der Mensch erst die Möglichkeit haben muß, seine Kreativität zu entfalten. Es liegt sicher an unserem Unterricht und unserem Kulturmuster, daß der Mensch die Kreativität, die er durchaus hat, nicht ohne weiteres wirksam werden lassen kann.«

*W. C. J. Boer:*
»Trotzdem müßten die Experten – um die Verbundenheit der Bewohner mit dem eigenen Wohnmilieu zu würdigen – sich nicht länger damit beschäftigen, Entwürfe vorzulegen, die eine bestimmte Endphase wiedergeben.«

*J. T. de Smidt:*
»Darum müßte bei Grünanlagen, die von Bewohnern gestaltet werden, der Zufall eine Hauptrolle spielen. Das könnte dadurch geschehen, daß man den nicht sachkundigen Menschen gerade um seiner mangelnden Sachkenntnis willen schätzt. Nur der nicht Sachkundige ist fähig, den Zufall mitspielen zu lassen. Der Sachkundige kann das nicht mehr, denn er hat gelernt, wie es gemacht werden muß. Die Unbeholfenheit, das Launenhafte, die Intuition, das Gefühlsmäßige, das Emotionelle, das ist die Sachkunde des nicht Sachkundigen.«

*Kommentar*
Anfang November 1972 rast ein Sturm über unser hübsch ordentliches Ländchen. Fünf Millionen Bäume werden spielend gefällt. Unsere Kulturlandschaft ist durch dieses normale Naturgeschehen vollkommen verändert. Wenn wir in einer Weise reagieren würden, in der unsere kreativen Fähigkeiten stärker eingeschaltet werden, dann könnten die zufällig entstandenen Situationen ein Anlaß dazu sein, die Landschaft in natürlicher Weise neu zu gestalten. Nichts ist so unnatürlich wie eine Landschaft, in der alle Bäume in Reih und Glied gepflanzt sind und in der kein Baum auf dem Boden liegt. (Organisches Material, das auf dem Boden liegt, ist eine Voraussetzung für den Fortgang des natürlichen Prozesses.)
Aber noch ehe der nicht sachkundige Mensch die Möglichkeit hatte, auf intuitive, emotionelle und gefühlsmäßige Weise zu reagieren, hat der Fachmann die Führung übernommen, um so schnell wie möglich den alten Zustand wiederherzustellen. Die Wiederherstellung des alten Zustandes ist natürlich berechtigt, wenn es darum geht, Verkehrswege wieder benutzbar oder rentable Nutzwälder wieder zugänglich zu machen.
Beim Wegräumen von Kiefern müßte man erst fragen, ob die Monokultur von Kiefernwäldern wirklich wiederhergestellt werden muß. Wenn das nicht der Fall ist, dann soll man den Kiefernmarkkäfer *(Tomicus piniperda)* doch ruhig seine Arbeit tun lassen!
Alle Zeit, Kosten und Energie, die aufgewandt werden, um das Bild vom alten Zustand »unseres ordentlichen Hollands« so schnell wie möglich neu zu schaffen, müssen als verloren angesehen werden.

minimal sein kann (Wo das Blut nicht hinläuft, da kriecht es hin). Also keine Isolierung von Naturgebieten; die Gefahr der endgültigen Ausschaltung der Natur nimmt dann eher zu als ab.

Wenn wir bedenken, daß es am Fuße des Wegweisers von Rousseau stets voller wird; daß bei vielen Unzufriedenheit herrscht, weil es unmöglich zu sein scheint, aktiv zu einer günstigen Beeinflussung der Umwelt beizutragen; daß die Spannung merklich zunimmt (Jérôme Monod); daß Energie immer teurer wird und die Grundstoffsituation immer ungünstiger; wenn wir dies alles bedenken, dann müssen wir überlegen, ob der Gegenkultur nicht bald die Möglichkeit zu freierer Entwicklung gegeben werden muß.
Ob es möglich sein wird, die oben erwähnte Pufferzone um die Städte so zusammenzustellen, daß ein ökologisches System entsteht, wird in hohem Maße von der Art der Energiepolitik innerhalb dieses Gebietes abhängen.
Auf dem beigefügten Schema (Seite 202) ist skizzenhaft angegeben, wie die Position des Menschen aussieht, der vor der Notwendigkeit steht, eine Lösung für zwei Probleme zu finden, nämlich: bessere Regelung des Energieverbrauchs und Eindämmung der Degradation.
Mit Hilfe von vier kleinen Rechtecken, die aufeinandergelegt sind, können wir uns verdeutlichen, daß der Mensch über potentielle Energie verfügt, die er aus seiner Nahrung gewinnt. Das oberste Rechteck stellt die Arbeit dar, die der Mensch selbst verrichten könnte.
Bis zum Aufkommen maschineller Arbeit bedeutete das, daß die Degradation wohl begonnen hatte, aber nur langsam fortschritt, und daß fossile Brennstoffe nicht oder nur wenig benutzt wurden.
Das Aufkommen der Maschine läßt folgende Situation entstehen: Die Arbeit wird vom Menschen losgelöst (das oberste Rechteck löst sich von den unteren drei Rechtecken). Die industrielle Revolution hat begonnen. Der Mensch bleibt Träger potentieller Energie, die er nicht mehr direkt im System nutzbar machen kann. Diese Entwicklung kann weitergehen bis zu dem Moment, in dem man nur noch mit Hilfe von Kernener-

gie imstande sein wird, unseren Bedarf an Energie zu decken. (Alle anderen Energiequellen werden dann erschöpft sein.)
Wäre Kernenergie weltweit möglich und würde die Menschheit als Ganzes nicht mehr in die Arbeitsprozesse einbezogen werden, dann würde unsere Umwelt maximaler Verschmutzung ausgesetzt sein. Würde jedoch die ganze Menschheit aktiv und unmittelbar ihre potentielle Energie wieder durch körperliche Arbeit nutzbar machen, dann könnte sich der Bedarf an Energie entsprechend verringern. Mechanische Arbeit wäre dann nur nötig, wenn die Arbeit, die durch die gesamte Weltbevölkerung verrichtet würde, nicht ausreichen würde, um diesem Bedarf zu entsprechen. Mechanische Arbeit müßte nur als ergänzende Möglichkeit akzeptiert werden.

Übrigens werden die Möglichkeiten der Organisationsform der menschlichen Gesellschaft hinsichtlich der Natur sich bei notgedrungener Umschaltung auf Kernenergie nicht ändern. Dem Menschen wird nur die Wahl zwischen drei Möglichkeiten bleiben. Auf den Seiten 13 und 14 wurde dargelegt, daß die heutigen Kulturzentren sich durch die gewählte Organisationsform in einer äußerst fragilen Position befinden (konstante Zufuhr von Energie – immer größere Schwierigkeiten bei der Beseitigung von Abfallprodukten).
Für den Menschen gilt jedoch, ebenso wie für fast alle Tiere und Pflanzen, daß eine bleibende Niederlassung in einem Habitat nur dann möglich ist, wenn dieser Ort nicht der Gefahr der Toxizität ausgesetzt ist.
Die Situation, in der der Mensch zu leben gezwungen ist (besonders in den stark industrialisierten Gebieten), zeigt, daß vollständige Reinigung des Milieus kaum möglich ist. In diesem Milieu ist der Mensch ständig vielen Formen von Vergiftung ausgesetzt (Fritz Eichholtz).
Infolgedessen nimmt in den Wohngebieten das Bedürfnis zu, dieser gefährlichen Situation so oft wie möglich zu entfliehen. Die Zunahme der Zahl von Touristen wird mit hierdurch bestimmt (periodische Wanderung von Millionen Menschen – chaotische Zustände – Energieverlust). Diese Entwicklung muß als ein Hinweis auf die Tatsache gesehen werden, daß der Mensch dabei ist, eine neue Kulturform zu verwirklichen

*Abb. 80/81* Experimentierterrain in Mildam (bei Heerenveen).
(s. auch Abb. 97).

Indem wir vom Recycling-Prozeß (Kreislauf des Materials) Gebrauch machen, können wir den Verlust von Grundstoffen auf ein Minimum beschränken. Städte produzieren ständig Mengen von Material (Abbruch), das auf vielerlei Weisen wieder *vollwertig* verwendet werden kann. So kann auch alles Abfallmaterial, das bei Neubau entsteht, in der unmittelbaren Umgebung verwendet werden.

Mein Atelier* (Abb. 80) ist ausschließlich aus Abbruchmaterial (Bausteinen, Balken, Dachziegeln) gebaut. Das Übergangsgebiet zwischen dem Atelier und der umliegenden Bepflanzung bekam seine endgültige Form, indem man hier alles restliche Material verarbeitete, das für den Bau des Ateliers weniger geeignet war (Abb. 81).

Wenn der Mensch viel mehr Möglichkeiten bekommen würde, seine freie Zeit auf diese Weise produktiv zu machen, dann könnte der Energieverlust aus dem Ökosystem verringert werden, dann würden die Kreativität stimuliert, die Vielfalt vergrößert und das Lebensklima verbessert werden.

*Abb. 80*

*Abb. 81*

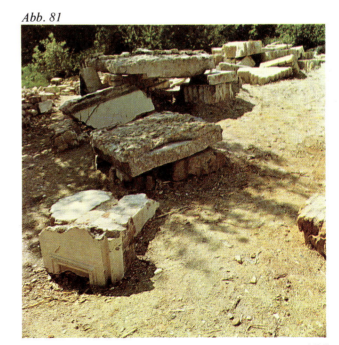

* Atelier des Autors, der auch als Kunstmaler tätig ist. (Anm. d. Übers.).

155

*(homo caravanus)*. Sofern diese neue Kulturform auf dem Prinzip des Umherschweifens basiert, zeigt sie viel Übereinstimmung mit der zweiten Möglichkeit einer Organisationsform im Hinblick auf die Natur (Seite 13). Übrigens ist diese Entwicklung verantwortlich für die Vermehrung verschmutzender Kulturzentren (Camping-Plätze). Ein anderer Grund für die gewaltige Zunahme des Tourismus ist das Bedürfnis jedes Menschen, von Zeit zu Zeit mit einer anderen Umgebung konfrontiert zu werden. Der Mensch braucht Abwechslung (Monokultur wirkt wenig stimulierend)!

Alle großen Weltstädte und ihre Satellitenstädte (eventuell Erholungszentren) entwickeln sich jedoch weltweit in uniformer Weise (Verlust der Vielfalt). Große, weltumfassende Kriege haben viele bedeutende Kulturgüter vernichtet (Verlust der Vielfalt). Landschaften tendieren zu monokulturellen Situationen (Küsten – uniforme Kultur des Strandlebens – großer Verlust von äußerst wichtigen Randgebieten). Als Bouffier sich selbst die Aufgabe stellte, der Notsituation rund um Vergons ein Ende zu machen, muß er sich, angesichts der beschränkten Mittel, die ihm dazu zur Verfügung standen, doch oft vollkommen machtlos gefühlt haben.

Daß seine Bemühungen schließlich doch Erfolg hatten, verdankt er seinem richtigen Standpunkt in bezug auf den Faktor Zeit und seiner felsenfesten Überzeugung, daß einst die Natur selbst seine aktivste Mitarbeiterin sein würde.

Unabhängig von der Art und Weise, wie man in größerem Zusammenhang zu einer Lösung des Problems der Wiederherstellung der Beziehung zwischen Mensch und Natur (Natur einschalten) zu kommen denkt, kann man persönlich schon an die Arbeit gehen und dabei das natürliche System als Ausgangspunkt akzeptieren.

»Das Herz des Vaterlandes liegt in den Tiefen der Wälder. Ein Volk ohne Wald ist ein sterbendes Volk.«

Wir wollen zu den zwölf Ausgangspunkten zurückkehren, die wir am Anfang unseres Buches aufgestellt haben. Sie müssen als Motiv für das Schreiben dieses Buches und als Basis unserer Arbeit aufgefaßt werden. Unter letzterem ist dann der Versuch zu verstehen, Prozesse in Gang zu setzen, durch die ein besseres Wohn- und Lebensmilieu für den Menschen entstehen kann. Das Schreiben dieses Buches ist die Folge des Interesses, das an unserer Arbeit besteht. Es will nicht mehr sein als die Darlegung der zwölf Thesen. Weder die Arbeit noch das Buch werden je fertig werden, weil beide als Prozeß in der Zeit begriffen werden.

**1. Der Mensch ist das Produkt von Kultur und Natur.**
Wenn der Mensch sich der Tatsache bewußt wird, daß er als ein Produkt angesehen werden muß, dann ist deutlich, daß – falls er sich weiterhin gegen die Natur als Antipode absetzt – schließlich die vielfältigen Prozesse unmöglich gemacht werden, die gerade den Menschen als Endprodukt entstehen lassen müssen. Der Mensch wird sich selbst niemals in ein künstliches Milieu stellen können!
Der *homo sapiens* als Kulturschöpfer hat die Natur, als Gegensatz zur Kultur, dringend nötig. Die Wechselwirkung zwischen Kultur und Natur ist die notwendige Voraussetzung für die Fortdauer unserer Existenz, genauso wie z. B. Gesundheit als Voraussetzung für Krankheit aufgefaßt werden kann.

**2. Monokultur, in welcher Form auch immer, ist eine Herausforderung an die Natur und wird als solche von ihr heftig bekämpft.**
Es versteht sich von selbst, daß Krankheit ein natürlicher Prozeß ist. Wenn ein Baumzüchter sieht, daß die Nadeln der Waldkiefer *(Pinus sylvestris)* »befallen« sind, dann reagiert er darauf, indem er alles ins Werk setzt, um den Baum wieder »gesund« zu machen. Da der Züchter ökonomisch von seinem Produkt abhängig ist, kann er unmöglich zulassen, daß sein Material infolge eines Naturgesetzes auf normale Weise ver-

nichtet wird. Obwohl der Züchter natürlich genau weiß, daß der Prozeß, durch den die Nadeln zerstört werden, normal ist, wird er doch versuchen, »gesundes« Material abzuliefern. Aus ökonomischen Gründen ist der Züchter ein Verfechter des ewigen Lebens!

Der Biologe Alan Burges beschreibt sehr detailliert, was alles mit einer einzigen Nadel der Waldkiefer geschieht, wenn der natürliche »Verwesungsprozeß« nicht gestört wird. Mit einem gewissen Wohlbehagen konstatiert Burges, daß der Umsetzungsprozeß schon beginnt, wenn die Nadel noch am Baum sitzt. Der Angriff wird durch Parasiten eingeleitet, und diese setzen ihre vernichtende Arbeit fort, selbst wenn die Nadel vom Baum auf den Boden fällt. Sie kennen einfach kein Aufhören! Aber: »Wer andern eine Grube gräbt...«! Die Nadel fällt in die feuchte, humushaltige Erde. Nun bemächtigen sich drei Arten von Schimmelpilzen der Nadel. Zwei der Schimmel (*Helicoma* und *Sympodiella*) wirken an der Außenseite der Nadel, indem sie sie mit einem Netzwerk von Mycel-Fäden umspinnen; der dritte *(Desmazierella)* nimmt sich des Inneren der Nadel an.

Diese Schimmel werden zu ihren Aktivitäten angeregt, weil die Parasiten, die oberhalb der Erde den Angriff eingeleitet haben, sich nicht aus dem Staube gemacht haben, als die Nadel mit ihnen auf den Boden fiel. Für Schimmel sind diese Parasiten nämlich eine bekömmliche Nahrung.

Nach ungefähr sechs Monaten beginnt bei den Schimmeln Sporenbildung aufzutreten. Die unmittelbare Folge der Anwesenheit dieser Sporen ist die, daß neue Nahrungssucher angezogen werden; Milben und *Collembola* (Springschwänze) erscheinen auf der Bildfläche. Dies bedeutet nicht nur das Ende, wenn auch nicht aller, so doch des größten Teiles der Sporen, sondern außerdem werden gleichzeitig große Teile des Mycels konsumiert. Innerhalb einer einzigen Saison ist die Nadel jedoch noch nicht vollkommen zersetzt, der Abbauprozeß wird, was ihre Überbleibsel angeht, im folgenden Jahr fortgesetzt. Inzwischen ist die Schicht von Nadeln mit einem neuen Vorrat angefüllt; sie wird dicker. Durch die ausgedehnten Aktivitäten, die von den Milben und *Collembola* entwickelt werden, wird diese Schicht vollständig durchbohrt. Es entstehen Gänge und

Tunnel, da diese Organismen sich buchstäblich durch die dicke Schicht hindurcharbeiten müssen. Das einzige, was nach einer Periode von ungefähr zweieinhalb Jahren noch übrig ist, sind die Hülle der Nadel, obwohl natürlich nicht in vollkommen unangetastetem Zustand (Parasiten), und das Lignin.

Der Hauptbestandteil einer dünnen Schutzschicht, die ihre Funktion so lange wie möglich erfüllt, ist Kutin. Schließlich wird jedoch auch das Kutin angegriffen. Als letztes ist das Lignin an der Reihe. Die Umsetzung des Kutins und des Lignins wird hauptsächlich durch Pilze besorgt. Im Umsetzungsprozeß kommen die echten Pilze also immer nach der vorbereitenden Arbeit der Schimmel.

Man hat die Pilze – nach der Art ihrer Sporenbildung – in zwei große Gruppen eingeteilt.

Werden die Sporen *innerhalb* der Zelle *(ascus)*, die dafür bestimmt ist, gebildet, dann werden alle Pilze, die auf diese Weise für ihre Nachkommen sorgen, zur Gruppe der Ascomyceten gerechnet (2000 Arten – Mehltau, Becherlinge, Morcheln, Trüffeln – leben meist saprophytisch, von totem Pflanzenmaterial).

Werden die Sporen an der *Außenseite* der dafür bestimmten Zelle *(basidium)* gebildet, dann werden all diese Pilze zusammengefaßt in der Gruppe der Basidiomyceten (15 000 Arten – Rostpilze, Champignons, Staubschwämme).

Es sind vor allem die Basidiomyceten, die sich von Lignin ernähren. Die Umsetzung sowohl von Kutin als von Lignin dauert auch wieder einige Jahre, so daß schließlich nach einer Periode von acht bis neun Jahren (W. B. Kendrick, 1959) die Nadel der Waldkiefer vollkommen verschwunden ist.

Die detaillierte Darlegung von Burges erklärt gleichzeitig, warum nicht überall in feuchtem Boden Schimmel auftreten können. Im allgemeinen ist Feuchtigkeit nämlich eine vorzügliche Voraussetzung für die Entstehung vieler Schimmelarten. Aber Burges hat erklärt, daß es vor allem an der An- oder Abwesenheit von Milben und *Collembola* liegt, ob Schimmel auftreten kann oder nicht!

Wir haben schon früher festgestellt, daß die *Collembola* ihrerseits von den Ameisen dankbar als Nahrung aufgenommen werden. Im Prinzip kann nun die Linie durchgezogen werden über die Parasiten zur Waldkiefer, denn diese steht offenbar am Anfang einer Reihe von Prozessen, die durch ihre Anwesenheit ausgelöst werden können.

Wenn wir nun aber auf einem bestimmten Stück Land nur Waldkiefern pflanzen, dann kann die Zahl der Lebewesen, die eingeladen werden, um an diesen im übrigen nützlichen Prozessen teilzunehmen, *zu groß* werden.

Die Situation droht dann unkontrollierbar zu werden. Die Parasiten können sich – dank der geschaffenen Monokultur – explosiv vermehren (Heuschrecken), da fast unbegrenzte Mengen Nahrung auf einer verhältnismäßig kleinen Fläche konzentriert sind. In diesem Falle kann man von einer Katastrophe sprechen.

**3. Die historische Entwicklung in Natur- und Kulturformen muß als Kontinuität aufgefaßt und die Unterbrechung dieses Zusammenhanges in Raum und Zeit kann als Katastrophe angesehen werden.**

Hier kann man nun die Frage nach den möglichen Ursachen der Entstehung von Katastrophen stellen. In den meisten Fällen muß die Ursache darin gesucht werden, daß *eine bestehende Kontinuität auf die eine oder andere Weise unterbrochen wird*.

In jedem Vegetationskleid, das *im Laufe der Zeit* auf natürliche Weise entstanden ist, besteht ein enger Zusammenhang zwischen allen Elementen, die Teil dieser Lebensgemeinschaft sind. *Aber der Aufbau einer Gemeinschaft ist nur dann möglich, wenn viele verschiedene Elemente daran mitarbeiten können.* Ein einzelnes Lebewesen allein ist dazu nicht imstande. *Vielfalt ist absolute Voraussetzung.*

Nicht nur der Züchter ist besorgt, wenn die Waldkiefer krank wird. Der Baum ist nämlich ein Lieferant guten Nutzholzes. Er ist ein Baum der nördlichen Halbkugel. Wichtige Standorte sind Nordrußland, Finnland, Skandinavien und Nordschottland. Es liegt auf der Hand, daß man heute große Gebiete mit Waldkiefern bepflanzen will, da man so auf ökonomische Weise zur Produktion des geschätzten Nutzholzes kommen kann. Die Folge ist, daß in Landschaften, die in Raum und Zeit gewachsen sind, Platz gemacht werden muß für die Anlage einer Monokultur von Waldkiefern. Diese Herausforderung des Menschen wird von der Natur mit der Entsendung großer Heerscharen von »krankheitserregenden Organismen und Insekten« beantwortet. Wenn man es recht betrachtet, ist es der Mensch gewesen, der den ersten Anstoß zu dieser Entwicklung gegeben hat. Im Fall der Waldkiefer kann das unverantwortliche Handeln des Menschen erklärt werden, wenn wir den menschlichen Egoismus als Triebfeder erkannt haben. Es handelt sich hier um ein eigenmächtiges Auftreten, das sich um so eher zeigt, je mehr der Mensch die Bande sowohl mit der Natur als mit seiner Kultur zerreißt. Der große Vorteil der Erwekkung historischen Verständnisses ist der, daß der Mensch dann leichter geneigt ist, seine Beschlüsse in den Rahmen einer Kultur zu stellen, von der er selbst einige Jahre lang Teil ausmacht. Sein Auftreten wird dann stärker durch eine gewisse *Bedachtsamkeit* gekennzeichnet sein. Die Gefahr, daß der heutige Mensch schneller Entwicklungen auslöst, die zu Katastrophen führen können, wird vergrößert, weil man meint, ein zu starkes Kulturbewußtsein sei »hinderlich« für eine »dynamische« Entwicklung der heutigen Gesellschaft.


**4. Arbeit mit der Vegetation muß so ausgerichtet sein, daß sie den Tendenzen der Natur entspricht und diese stimuliert (Klimax-Bildung).**
Alle »Arbeit«, die auf dem Terrain in Mildam getan wird, ist denn auch darauf gerichtet, die nachteiligen Folgen der Form von Monokultur, unter denen dieses Terrain litt (in diesem Falle extensive Beweidung und übermäßige Stickstoffdüngung), wenn möglich gänzlich ungeschehen zu machen. Außerdem mußte die Degradation aufgehalten werden (nichts mehr vom Terrain entfernen). Es wurden Maßnahmen getroffen, um die Vielfalt zu vergrößern. *Erst danach konnte man die Ordnung der Natur selbst überlassen.*
Wenn Arbeit getan werden muß, um den natürlichen Prozeß in Gang zu setzen, dann wird das nur zu Beginn notwendig sein!
Was die Auswahl des Pflanzenmaterials angeht, so muß diese so getroffen werden, daß die Prozesse im Boden maximal stimuliert werden. Außerdem hat man sowohl die vorhandene

Vegetation auf dem Terrain als auch die auf den angrenzenden Gebieten als Ausgangspunkt genommen.
*Art und Zusammenstellung dieser Vegetation geben einen Hinweis auf die Lebensmöglichkeiten des zu pflanzenden Materials.* Wir haben jedoch in Mildam vermieden, die angebrachte Bepflanzung in ihrer Zusammenstellung der Arten zu *einer Kopie dessen zu machen, was vorhanden war!*
Das Terrain in Mildam wird nämlich an der Ostseite von Eichen- und Birkenwaldvegetation begrenzt (Degradations-Klimax – regelmäßiger vollständiger Kahlschlag mit Zwischenpausen von zehn bis fünfzehn Jahren). Wenn man auf dem Experimentierterrain auch wieder Eichen und Birken gepflanzt hätte, dann hätte man auf eine Monokultur hingearbeitet, da in diesem Falle nur die schon anwesenden Arten zahlreicher geworden wären. Es ist besser, eine Bodenbepflanzung anzubringen, die einen guten Einfluß auf die Erde bildenden Prozesse ausübt und die in den Wachstumsbedingungen, die sie stellt, gerade *etwas* über die der bestehenden Vegetation hinausgeht. Soll diese Bepflanzung gut anschlagen, dann ist es zu empfehlen, in einem späteren Stadium aufs neue Arten hinzuzufügen, die die in Gang gebrachte Entwicklung weiter stimulieren. Auf diese Weise arbeitet man in einer Richtung, die mit der des natürlichen Prozesses übereinstimmt (nicht diesem Prozeß entgegengesetzt), und diese Vegetation wird schließlich ihrer Klimax entgegenwachsen.

**5. Zwischen Stadt und Land kann mit Hilfe von Wäldern eine Übergangsform geschaffen werden (Milieuverbesserung).**
Die hier beschriebene Bepflanzungsmethode wird auf denjenigen Gebieten angewandt werden müssen, die, infolge des Urbanisationsprozesses, im Hinblick auf die von Mensch, Pflanze und Tier gestellten Lebensbedingungen nicht mehr optimal funktionieren können. Es entspricht der Entwicklung, daß bei einer solchen Anlage der Bepflanzung von einem ökologischen Standpunkt ausgegangen werden muß. Das bedeutet, daß die Bepflanzung sich zu einer Klimaxform hin entwickeln können muß (in der gegenwärtigen Situation *entwickeln sich* viele Bepflanzungen *nicht weiter*). Das Erreichen einer Klimaxform ist nämlich die einzige Voraussetzung, durch die ein Aufwand an

Arbeit (Energie) von außen her eventuell auf ein Minimum zurückgebracht werden kann. Die äußere Form der Klimaxvegetation ist für unser Land der Wald.

**6. Die Stadt muß die Funktion einer Oase erfüllen (Kontrast).**
Städte können mit einer Bepflanzung umgeben werden, die die gegenwärtigen und zukünftigen Herausforderungen beantwortet, die der Mensch an die Natur stellt. Alle technokratischen Monomanen, die so vollkommen von dem Gedanken durchdrungen sind, daß die technokratische Gesellschaftsform niemals zu einem Ende kommen kann, müssen diesen extremen Standpunkt so schnell wie möglich aufgeben! Sie können dies tun, indem sie positiv dazu beitragen, Entwicklungsprozesse auszulösen, wie sie hier beschrieben werden. Einem viel größeren Teil der Bevölkerung *muß* die Gelegenheit gegeben werden, *selbst aktiv* am Aufbau des eigenen Wohn- und Lebensmilieus mitzuarbeiten (Mikroklima). Das wird nur möglich sein, wenn das Verständnis dafür wächst, daß Wissenschaft und Technik zwar *Teil des menschlichen Geistes sind,* aber auch *nicht mehr als das!* Die Entwicklung unseres technischen Könnens beginnt beängstigende Übereinstimmung mit der von wuchernden Gewebestrukturen zu zeigen. Diese brandigen Wucherungen können sich jedoch nur weiterentwickeln, solange noch normal wachsendes Gewebe vorhanden ist. Der Tod des einen bedeutet den Tod des anderen!
Diejenigen, die die Entwicklungen auf technischem Gebiet gern anhalten würden und die sich dem, was in der Welt um uns hin geschieht, entziehen wollen, indem sie in die sichere Umgrenzung des Naturreservates flüchten, tragen damit nur positiv zu einer Verschlechterung des Zustandes bei. Die Motive dieser Flucht liegen vielleicht in dem früher vertretenen Standpunkt, daß die Städte, was ihre Peripherie betrifft, sich an die sie umgebende Kulturlandschaft anzupassen haben. *Die Städte wachsen jedoch schneller als die Antwort, die jemals von der Landschaft auf diese Entwicklung gegeben werden kann.* Infolgedessen wird das Bild einer trostlosen Kulturwüste immer ausgeprägter! Aus dieser Situation ist die Verzweiflung zu erklären, die der Fluchthaltung so vieler Menschen zugrunde liegt, und wahrlich nicht nur der von Naturliebhabern! Durch

diese Haltung entsteht nun aber gerade ein Mangel an Interessierten, die dazu beitragen könnten, Entwicklungen auszulösen, die es dem Menschen in der Stadt ermöglichen, den notwendigen Kontakt mit der Natur zu behalten.

Wird den fortschreitenden Entwicklungen, die zu einer Zunahme der städtischen wie der landschaftlichen Großformen führen, kein Einhalt geboten, dann werden einst Kulturwüsten das neue Babylon umschließen. Wenn außerdem für dieses Babylon die Regelung in Kraft bleibt, daß nur 1 % der Kosten für die Konstruktion unseres Wohnmilieus dazu benutzt werden darf, um die Stadt *selbst* mit der notwendigen *kulturellen Ausschmückung* zu versehen, dann wird die Kulturwüste sich nicht nur auf die unmittelbare Umgebung unserer Lebenszentren beschränken, sondern bis ins Herz der Stadt vordringen. Wenn dieses 1 % als Richtzahl zur Bestimmung der Intensität unseres Interesses an der Kultur anzusehen ist, dann werden Kulturhistoriker, die einst unsere Kultur werden beschreiben müssen, gerade mit dieser Zahl wohl einige Mühe haben. Auch auf dem Gebiet der Kultur ist offensichtlich von einem vernünftigen Verhältnis keine Rede, auch wenn wir uns so gern damit brüsten, ein gewaltig hohes kulturelles Niveau erreicht zu haben. Vor dem Hintergrund dessen, worüber in diesem Buch geschrieben worden ist, kann man kaum leugnen, daß eine Gesellschaft, die auf so schlechten Gleichgewichtszuständen aufgebaut ist, unmöglich noch länger das Etikett »Gesellschaft« tragen kann.

**7. Die Entwicklung auf dem Gebiet der Erholungszentren ist insofern falsch zu nennen, als der Mensch selbst hier nicht genug einbezogen *(homo ludens)* und die Anlage auf ökonomischer Basis nicht ganz abgeschafft (auf ein Minimum beschränkt) wird.**
Die Kulturhistoriker werden später nicht nur Mühe haben zu beweisen, daß wir eine große Kultur hinterlassen haben, wenn sich herausstellt, daß wir dafür nur 1 % unserer Aktivität übrig gehabt haben, sondern sie werden außerdem auch den Begriff »Erholungsgebiet« nur schwer unterbringen können. Es ist nämlich ein Widerspruch, daß der »freie Mensch« des 20. Jahrhunderts als Erblasser der Einrichtung »Erholungsgebiet« betrachtet werden muß. Genauso autoritär, wie wir die Natur zu-

rückgedrängt haben, weil sie uns bei der Realisierung unserer »großartigen Pläne« oft störend im Wege war, haben wir die Gruppe von Mitmenschen behandelt, für die wir keine »sinnvolle Arbeit« mehr haben und die sich darum vor ein »Erholungsproblem« gestellt sieht. Einst haben Spezialisten unserer Gesellschaft es fertiggebracht, das lästige Wasser in die Flußbetten zurückzudrängen. Sollen sich nun Spezialisten mit dem Problem des umherirrenden Menschen auseinandersetzen! Die Menschen, die ihrer Stadt entfliehen und aufs Land strömen, sind ein ebenso großes Problem wie das Wasser, das einst über die Deiche strömte! *Wir können erst dann beruhigt sein, wenn wir alles gut unter Kontrolle halten können!* Eingezäunte Erholungsgebiete sind *eine* der Lösungen, um dieses Ziel zu erreichen.

Sowohl die verdrängte Natur als auch der eingezwängte *homo ludens* sind aus der Position heraus, in die sie beide geraten sind, nicht mehr imstande, mit einer Antwort auf die gewaltigen Aktivitäten zu reagieren, die vom überwiegenden Teil der Menschheit entwickelt werden. Sie werden dazu eher fähig sein, wenn der *homo ludens* als vollwertiger Mitspieler anerkannt wird (Mündigkeitserklärung) und wenn die Technokraten der Natur gegenüber eine bescheidenere Haltung annehmen (Unmündigkeitserklärung).

## 8. Der Milieuverschmutzung, falls nicht durch Industrie oder Ackerbau verursacht, kann Einhalt geboten werden.

Die Gebiete, auf denen der mündige Mensch einst wird arbeiten dürfen, können einen wichtigen Beitrag zur Bildung eines besseren Lebensmilieus liefern. Das Terrain in Mildam ist angelegt, mein Atelier ist gebaut, die Bäume sind gepflanzt, und das alles so, daß die eine Handlung folgerichtig aus der anderen hervorging. Bei der Ausführung wurde stets darauf geachtet, daß so wenig Energie wie möglich verbraucht wurde. Die Erde, die für das Fundament des Ateliers ausgegraben wurde, wurde nicht weggekarrt, sondern weggeworfen (Wurfabstand ist ein eindeutiges menschliches Maß). In der gleichen Weise wurde der Schutt verarbeitet, der zur Bildung günstigerer mikroklimatischer Situationen beitragen muß. Die Bepflanzung wurde angebracht, lange ehe mit dem Bau begonnen werden konnte. Das hatte zur Folge, daß z. B. die Holunderbäume in der Nähe des Ateliers schon kräftig mit der Bildung eines günstigen Mikroklimas beginnen konnten. Natürlich war der Holunder seiner guten Eigenschaften wegen dafür der richtige Baum. Er wächst nämlich nicht nur schnell, sondern er verbindet mit diesem schnellen Wuchs auch eine gewisse Stärke. Vielleicht sind es diese Eigenschaften, durch die ich mich zu dieser sehr alten Baumart hingezogen fühle. Holunder, rund um das Haus gepflanzt, garantiert eine glückliche Ehe! Das wäre schon Grund genug, um die ganze Welt damit vollzupflanzen! Es gibt jedoch eine andere Geschichte, die uns vielleicht gerade davon abhält, zu ausgebreiteter Anpflanzung von Holunder überzugehen. Der Legende nach hat nämlich Judas Ischariot, nachdem er die Silberlinge für seinen Verrat empfangen hatte, sich an den Ästen eines alten Holunders aufgehängt. Solch eine Geschichte schadet dem berechtigten guten Ruf! Und doch ist es wahrscheinlich gerade diese Geschichte, die den Menschen dazu veranlaßt, den Holunder etwas auf Abstand zu halten. Kein Mensch geht nämlich frei aus, wenn über die Milieuverschlechterung gesprochen wird, die das Endprodukt von unser aller Anwesenheit hier auf der Erde ist. Wir alle tragen in der einen oder anderen Form unser Scherflein dazu bei, daß kommende Generationen der Zukunft mit weniger Vertrauen entgegentreten. Obwohl ... es gibt natürlich Unterschiede in der Größe des Beitrages! Beim einen bleibt es bei einem Scherflein, der andere trägt eine größere Summe bei, vielleicht sogar eine große, und – einer übertrifft immer den anderen – manche liefern ihren Beitrag in Form eines Kapitals oder bleibender Anlagen! Vielleicht ist es doch unser Gewissen, das uns zuflüstert, daß wir, wenn wir schon oft um der Silberlinge willen unsere Umwelt verschachern, wenigstens den Holunder nicht sehen wollen, der uns so sehr an Judas Ischariot erinnert. Aus emotionellen Gründen wird so die Vielfalt der Bepflanzung verringert, während gerade der Holunder doch solch eine wichtige Funktion erfüllen kann.

**9. Insekten dürfen nicht immer als Feinde angesehen werden. Umfassendere Aufklärung, gerichtet auf das Verständnis der Totalität der Lebensformen (Ökologie) ist sehr wünschenswert.**

Alles spricht dafür, eine Welt zu bauen, die durch eine möglichst große Komplexität gekennzeichnet ist, um so die fortschreitenden Folgen von Degradation und Monokultur aufzuhalten. Wir müßten uns, was unsere Haltung gegenüber den Insekten angeht – die sich vor allem durch aggressives Auftreten unsererseits auszeichnet –, zu einer Mentalitätsveränderung entschließen, d. h., wir müssen bewußt nach einer Wiederherstellung des gestörten Gleichgewichts streben.

Die Nadel der Waldkiefer wurde von Parasiten befallen. Unsere Reaktion darauf: »Die Pflanze wird krank.« In dem Augenblick, in dem wir mit dem Beginn des Umsetzungsprozesses (Krankheitsbild) konfrontiert werden, setzen wir alles daran, um den »gesunden« Zustand wiederherzustellen. Wenn uns das im Falle der Kiefernnadel gelingt, dann wird die Nadel auf unbestimmte Zeit am Baum bleiben. Die Prozesse, die sich im Boden abspielen und die von der Zufuhr von Nadeln abhängig sind, werden also weniger aktiviert werden.

Man hat alle Bakterien und Mikroorganismen, die von abgestorbenem organischem Pflanzenmaterial leben, als *saprophytisch* lebende Organismen bezeichnet. Aber: »Jede Konsequenz führt zum Teufel«! Denn ist es wirklich ganz richtig, daß diese Organismen *ausschließlich* abgestorbenes organisches Pflanzenmaterial aufnehmen, mit anderen Worten, daß sie nach rein vegetarischen Prinzipien leben? Wenn wir feststellen können, daß eigentlich kein »rein« botanisches Material besteht, weil immer und überall die kleinsten Formen tierischen Lebens mit dem Umsetzungsprozeß beschäftigt sind, dann können wir auch feststellen, daß all diese saprophytisch lebenden Organismen mit der Nahrung, die sie aufnehmen, immer zugleich andere Mikroorganismen zu sich nehmen. Es sind oft gerade die allerkleinsten Organismen, die wir mit bloßem Auge nicht wahrnehmen können, die für die Entstehung dessen verantwortlich zu machen sind, was wir Krankheit zu nennen pflegen. Die größeren Parasiten, die den Angriff auf die Kiefernnadeln einleiten, werden also, wenn sie dieses Material anfressen, zugleich eine große Menge der anwesenden Mikroorganismen (darunter viele Krankheitserreger) vertilgen.

In England sind es u. a. G. B. Sanford und C. Hartley gewesen, die auf die Möglichkeit hingewiesen haben, daß krankheitserregende Bakterien gezielt bekämpft werden könnten, wenn wir dafür sorgen würden, daß so viele Feinde wie möglich in der Form anderer Bakterien eingeführt würden. Diese Organismen würden einander dann nicht nur viel heftigere Konkurrenz um die vorhandene Nahrung, sondern auch um den notwendigen Sauerstoff liefern. Außerdem haben sie durch ihre spezifischen Ausscheidungsprodukte einen negativen Effekt auf das gesamte Milieu, in dem sie sich befinden. Dadurch hätten dann die für uns gefährlichen »Krankheitserreger« geringere Entwicklungsmöglichkeiten.

Außerdem konnte M. C. Potter 1908 konstatieren, daß die Aktivität von Bakterien, die Pflanzenkrankheiten erregen, abnahm, je mehr diese Organismen die unmittelbare Umgebung, die durch ihre Aktivität bestimmt wurde, mit den Ausscheidungen verschmutzen, die als Endprodukt ihrer metabolischen Aktivität angesehen werden können (toxisches Milieu). Mit anderen Worten, die Natur sorgt oft selbst dafür, daß *da, wo schon etwas oder jemand ist, zur selben Zeit nicht noch etwas anderes sein kann*. Wenn in Ihrem Garten an einer bestimmten Stelle »Unkraut« wächst und Sie bedecken das Unkraut z. B. mit einem großen Stein, dann kann das Unkraut zumindest an dieser Stelle nicht mehr wachsen (ideale Methode für alle Pflanzen, die Pfahlwurzeln haben). Beispiele, wie sie hier aufgezählt wurden, haben die Entwicklung einer Methode bewirkt, die heute als »biologische Schädlingsbekämpfungsmethode« bekannt ist. Jeder, der in seiner eigenen Umgebung daran mitarbeiten kann, die Einstellung zu »unserem Erbfeind, dem Insekt« zu verändern, wird damit einen positiven Beitrag zu unserem Kampf gegen die übermäßige und oft gänzlich sinnlose Anwendung von Insektenbekämpfungsmitteln liefern. Die Zahl *verschiedener* Lebewesen, die unser Lebensklima mitbestimmt, muß *so groß wie möglich* werden (Partizipation). Dies ist nur möglich, wenn die Zahl kleiner Habitate so groß wie möglich wird. Im allgemeinen entgehen uns all die wichtigen natürlichen Prozesse, die sich um uns herum abspielen, weil wir noch immer mit der Vorstellung herumlaufen, daß der Mensch als wichtigster Bewohner der Erde angesehen werden muß.

**10. Man benutze Insektizide nur, wenn unumgänglich, und beschränke sie auf ein Minimum – Anwendung durch Laien muß verboten (auf die am wenigsten schädlichen Sorten beschränkt) werden.**

Wenn wir auf unserem Standpunkt beharren, daß die Menschheit als Klimaxform angesehen werden muß, dann werden wir uns durchaus vergegenwärtigen müssen, daß in dieser Situation sich inzwischen Wesentliches geändert hat.

Würden wir alle lebenden Wesen, die die Welt bevölkern, in der Cheops-Pyramide in Ägypten einquartieren, dann könnten wir für die gesamte Menschheit die Spitze der Pyramide reservieren. Dieser höchste Punkt wird von einer kleinen Pyramide gebildet. Im übrigen besteht die Pyramide aus vielen Steinschichten, Stockwerken oder Etagen. Die Basis der Pyramide überlassen wir allen »niederen« Lebensformen, die für den »höherstehenden« Menschen, wenn dieser nicht über umfangreiche technische Apparatur verfügen kann, nicht wahrnehmbar sind. Die Mikroorganismen bevölkern die Welt in so überwältigender Masse, daß *ihre Anzahl unmöglich in Zahlen vorstellbar ist*. Der Mensch wird jedoch lernen müssen, daß, je weiter er von der Spitze der Pyramide hinuntersteigt, die Zahl als Wertmesser, der ihm gerade so viel bedeutet, ganz und gar nicht ausreicht.

Das ganze zweite Stockwerk der Pyramide würde von allen Insekten bewohnt werden können, die die Welt bevölkern. Obwohl das alles nie exakt zu berechnen ist, meint Chauvin, daß die Zahl der Arten, die über die ganze Welt verbreitet sind, mit 600 000 angesetzt werden kann. Aber er sagt zugleich, daß jährlich 2000 bis 3000 Arten hinzukommen, deren Existenz wir noch nicht einmal vermuten. Die Zahl der *Arten* wächst also noch ständig, und wir werden wahrscheinlich nie genau die Gesamtheit berechnen können, ebensowenig wie die Zahl der Insekten pro Art!

Ein Quadratmeter Grasland des Terrains in Mildam kann als Habitat für 30 bis 2000 Regenwürmer *(Lumbricidae);* 100 bis 8500 Schnecken *(Mollusca);* 180 bis 840 Spinnen *(Arancida);* 200 bis 500 Ameisen *(Hymenoptera);* 10 000 bis 40 000 Springschwänze *(Collembola);* 20 000 bis 120 000 Milben *(Acarina)* angesehen werden, und schließlich gibt es noch die wichtige

Gruppe der Nematoden *(Nematoda)* in Gesamtzahlen von 1,8 bis 120 Millionen (nach der Angabe von A. Stöckli, 1946).

So können wir fortfahren und jedes höhere Stockwerk von jeweils den Tierarten bewohnen lassen, die im natürlichen System »höher« stehen. In den meisten Fällen sind dann die Tiere, die in einem bestimmten Stockwerk leben, für ihre Nahrung auf Tierarten angewiesen, die ein oder mehrere Stockwerke tiefer wohnen. Natürlich liefern manchmal auch die höhergelegenen Stockwerke Nahrung, aber die ist meist schwerer zu erkämpfen (Herausforderung und Antwort).

Kommen wir so der Spitze der Pyramide immer näher, dann wird die Bodenoberfläche jedes Stockwerks immer kleiner. Zugleich werden die Tierarten in ihrer Körperform größer oder, besser gesagt, komplexer. Wichtiger ist jedoch, daß die Nachkommenschaft meist viel weniger zahlreich ist als z. B. bei den Tieren, die auf dem niedrigsten Niveau leben. Die Anzahl Tiere wird also pro Art allmählich abnehmen.

Der Mensch hat auf dieser Pyramide eine symbolische Position eingenommen. Er hat das Stockwerk mit der kleinsten Oberfläche! Für seine Nahrung kann er sich nur in eine Richtung wenden, nämlich nach unten! Wenn wir um unsere Nahrung (oder aus anderen Gründen) kämpfen müssen, dann geht das also nur gegen Lebewesen, die auf tiefergelegenem Niveau angesiedelt sind. *Ihre Zahl ist nicht sehr groß, und meist sind sie auch nicht über die ganze Welt verbreitet.* Der Mensch verfügt über mächtige Waffen und ist darum imstande, Tierarten *schnell und vollständig* auszuschalten. Auf diese Weise hat er es fertiggebracht, die Stockwerke, die unter dem seinigen liegen, so zu entvölkern, daß die Position seines eigenen Stockwerks weniger stabil geworden ist. Wenn der Mensch die tiefergelegenen Niveaus weiter so ausräumt, dann wird sich zeigen, daß er damit seine schon geschwächte Position immer nachteiliger beeinflußt. Wenn eine Tierart erst einmal vollständig ausgerottet ist, dann bleibt ihr Platz unbesetzt. Die direkte Folge davon ist, daß die Tiere, die vorher von dieser Art gefressen wurden, sich ungestört zum nächsten Stockwerk begeben können (jedenfalls, wenn dem keine anderen Hindernisse im Wege stehen).

Schließlich wird einst der Tag anbrechen, an dem das Stockwerk unter demjenigen, in dem die Menschheit lebt, dermaßen instabil geworden ist, daß es nicht mehr imstande ist, das obere Stockwerk zu tragen. Die Folge: die gesamte Menschheit fällt ein Stockwerk tiefer und *es gibt keinen Weg zurück; der Abstand zwischen Spitze und Fundament der Pyramide ist kleiner geworden*. Das bedeutet, daß dann unsere Feinde – die Insekten – nähergekommen und durch diese Positionsänderung sogar stärker geworden sind! Außerdem schüttet der Mensch immer weiter wie ein Besessener aus den Fenstern seines Stockwerks Gift an den Seitenwänden der Pyramide hinunter, so wie einst Kenau Simonsz Hasselaar* ihre Feinde mit Öl begoß. Je größer die Giftmengen werden, die an den Habitaten vieler Tierarten entlang nach den untersten Stockwerken der Pyramide tropfen, desto ungünstiger werden die Lebensbedingungen für die dort anwesenden Mikroorganismen und Insekten! Was für die Bewohner von Zeeland in ihrem ewigen Kampf gegen das Wasser gilt, nämlich *luctor et emergo* – »kämpfe und überlebe« –, das gilt ebenso für alle Insekten auf den untersten Niveaus, denn auch sie kämpfen sich immer wieder aus dem giftigen Brei los und kommen wahrlich wie neugeboren zum Vorschein (Resistenz). Die stärkere neue Generation sorgt dann wieder besonders schnell dafür, daß die ausgerotteten Artgenossen ersetzt werden!

*Der Mensch verringert durch seine Handlungen nicht nur den Abstand zwischen der Spitze der Pyramide und ihrer Basis, er erhöht obendrein die potentielle Kraft seiner Erbfeinde. Und es gibt keinen Weg zurück!*

## 11. Süßwasser muß so lange wie möglich dem Land erhalten bleiben.

Schon beim Lesen bekommt man das Gefühl, daß das Wasser uns bis zum Halse steigt. Wir geraten in dieselbe Situation wie Tantalus. Dieser Sohn des Zeus stand dürstend im Wasser, während Bäume reichbeladene Äste gerade eben oberhalb der Reichweite seiner Hände hängen ließen. Wollte Tantalus seinen Durst löschen, dann sank das Wasser, wollte er seinen

---

* Haarlemer Schiffsbauerswitwe (ca. 1526–1588), die der historisch nicht belegten Überlieferung nach während der Belagerung Haarlems durch die Spanier (1572 bis 1573) an der Spitze einer Gruppe von 300 Frauen einen Angriff der Belagerer abschlug. (Anm. d. Übers.).

Hunger stillen, dann konnte er die Früchte, die über seinem Haupte hingen, gerade eben nicht pflücken.
Der Mensch kann seinen Durst nur mit Süßwasser löschen. Und obwohl wir buchstäblich mit den Füßen im Wasser stehen, wird die zur Verfügung stehende Menge sauberen Wassers (was etwas anderes ist als chemisch totes Wasser) immer weniger. Wenn wir uns die gesamte Menschheit symbolisch als eine einzige Gestalt vorstellen, die unter einem einzigen gewaltigen Baum steht, dann ist zu bezweifeln, ob alle Äste so schwer beladen sein würden, wie das jetzt vielleicht an einigen Orten auf der Welt der Fall ist. In vielen Teilen der Welt sind die Bäume nämlich gänzlich verschwunden oder geben kaum Früchte!

*Weltweit gesehen ist der Baum, unter dem Tantalus – die gesamte Menschheit verkörpernd – steht, weniger reich beladen* als der Baum, den Zeus aufstellte, um die Qual seines Sohnes zu vergrößern. Wir würden die Geschichte des Tantalus dann so verstehen müssen, daß, wenn wir uns dem einen Aspekt des natürlichen Prozesses (dem Wasser) zuwenden, wir wahrscheinlich für uns nachteilige Entwicklungen in bezug auf den anderen Aspekt dieses Prozesses in Gang setzen, der für die Instandhaltung aller Formen von Leben auf der Erde wichtig ist (Nahrungsproblem). Und obwohl Tantalus einsieht, daß seine Arbeit (Bücken und Strecken) eigentlich fruchtlos ist, wird er stets aufs neue dazu gezwungen, weil Durst und Hunger ihn unerträglich quälen.

## 12. Bodenbearbeitung muß auf ein Minimum beschränkt werden.

Vielleicht fahren Sie damit fort, in Ihrem Garten »nützliche« Arbeit zu verrichten. Sicher ist, daß Sie für diese Arbeit weniger stark motiviert sind als z. B. Tantalus. Wird darum einst der Augenblick kommen, daß auch Sie sich die Frage stellen: »Wozu dies alles?«, dann ist das der Augenblick, in dem das Nachdenken über den ersten Ausgangspunkt beginnen könnte, nämlich daß der Mensch das Produkt von Kultur und Natur ist. Wenn Sie dann beschließen, einige Thesen in der Praxis zu erproben, dann werden Sie wahrscheinlich zunächst die letzte von den zwölf wählen. Diese appelliert nämlich stark an das glühende Verlangen des Menschen, von der »verfluchten Arbeit« erlöst zu werden. Die Zeit, die Sie gewinnen, indem Sie diese Arbeit unterlassen, können Sie vielleicht nützlicher dazu verwenden, nochmals nachzulesen, warum Sie zu diesem weisen Entschluß gekommen sind.

Wenn alles abgestorbene organische Material (Blätter, Zweige usw.), das ein Garten produziert, so weit wie möglich *an Ort und Stelle* verarbeitet wird, dann ist es auch nicht mehr nötig, irgendwo in einer abgelegenen Ecke des Gartens einen Platz für einen Komposthaufen zu reservieren. Man kann sich fragen, ob das Kompostieren von Abfall sinnvoll ist in einem Garten, *der nicht zum Zwecke der Produktion angelegt ist* (mit Ausnahme des Teiles, der möglicherweise als Gemüsegarten benutzt werden soll).
Auf Seite 80 ist kurz dargelegt worden, was man eigentlich unter dem Begriff Humus zu verstehen hat. Die Produktion von Humus ist nur an *einer* Stelle auf natürliche Weise möglich, nämlich in der dünnen Schicht, die das Übergangsgebiet zwischen einerseits dem erst halb verwesten organischen Material und andererseits dem Kulturboden bildet. Der Prozeß der Humusbildung funktioniert maximal, wenn eine möglichst große Fläche des organischen Materials in direktem Kontakt mit Kulturboden steht (bei einem Komposthaufen ist nur die unterste Schicht die Kontaktstelle). Die wichtigste Arbeit bei der Humusbildung wird von den vielen Bakterien und Mikroorganismen verrichtet; *ohne diese Organismen ist Humusbildung nicht möglich.* Ist alles organische Material vollständig verarbeitet, dann ist die Produktion beendet. In diesem Falle werden Bakterien und Mikroorganismen verschwinden, weil keine Nahrung mehr vorhanden ist, die verarbeitet werden muß. Durch das Verschwinden all dieser Organismen sinkt die Aktivität in der obersten Schicht des Bodens. Die Verringerung der Aktivität wirkt nachteilig auf die Bildung einer guten Bodenstruktur. Denn die Voraussetzung für die Entstehung einer guten Bodenstruktur ist ja gerade die Anwesenheit einer *größt-*

*möglichen* Zahl von Organismen, die durch alle Aktivität, die sie entfalten, den Boden offenhalten.

Wenn wir alles organische Material, für das wir keine Verwendung mehr haben, auf den Komposthaufen bringen, dann kann die Bodenaktivität nie optimal funktionieren (Verringerung der Bodenatmung). In diesem Fall werden ja all die Bakterien und Mikroorganismen, die sonst *an Ort und Stelle* ihre Arbeit verrichten, hierzu nicht mehr imstande sein, da das Material, das sie umsetzen müssen, nicht mehr vorhanden ist. Der Prozeß der Umsetzung wird sich dann, aber nicht in völlig identischer Weise, auf dem Komposthaufen abspielen. Der unmittelbare günstige Einfluß auf die Bodenstruktur geht so verloren.

Wenn wir den Prozeß der Humusbildung so kontinuierlich wie möglich verlaufen lassen wollen, dann müssen wir dafür sorgen, daß die Humusschicht immer von einer dünnen Lage halb verwesten Materials bedeckt ist. Die Natur selbst sorgt dafür in der richtigen Weise. Nicht alle Bäume, Sträucher und Pflanzen haben nämlich im selben Augenblick ihren Herbst. Viele grün bleibende Pflanzen erneuern ihr Laub im Frühjahr statt im Herbst (Stechpalme – *Ilex aquifolium*). Der Streulage, die als Decke auf der Humus bildenden Schicht liegt, wird also zu immer wechselnden Zeiten neues Material zugeführt. Voraussetzung ist auch hier eine Zusammenstellung der Bepflanzung, die die größtmögliche Vielfalt entstehen läßt. Bei Monokulturen ist die Voraussetzung für vollständige Humusbildung also nicht gegeben (s. Abb. 67 und 68). Gerade weil die Aktivität der Mikroorganismen sich auf ein Gebiet von bestimmten Ausmaßen beschränkt, kann auch ihre Zahl nicht unbeschränkt wachsen. Fällt viel mehr Material an, als verbraucht werden kann, dann wird der Zersetzungsprozeß langsamer verlaufen. Je mehr die Zufuhr organischen Materials zunimmt, desto dicker wird die noch nicht zersetzte Schicht. Eine zu dicke Schicht ist ungünstig für den Prozeß der Humusbildung, der sich verlangsamt abspielt, weil die Luftzufuhr schwieriger ist. Außerdem wirkt der *zu hohe* Säuregrad in einer solchen Situation so, daß der Umsetzungsprozeß vollkommen blockiert wird. Phenolische und aromatische Verbindungen, die in diesem unzersetzten Pflanzenmaterial gebildet werden, wirken als

Gerbstoff im Hinblick auf die Proteine (Eiweißstoffe). Die so entstandene, nicht zersetzbare Eiweißstruktur formt eine Schutzschicht um die sowieso schon schwer zersetzbare Zellulose. Die Folge dieser Entwicklung ist, daß Stoffe, die unbedingt am natürlichen Prozeß müssen teilnehmen können, auf fast unbegrenzte Zeit blockiert werden (W. R. C. Handley, 1954).

Im allgemeinen ist die Menge organischen Materials, das auf dem Boden liegt, viel zu klein. In beinahe allen Gärten sind große Teile des Bodens der notwendigen Deckschicht beraubt. Wenn wir jedoch davon ausgehen, daß bei völlig bedecktem Boden mit einem weiter nicht gestörten Bodenprofil die Bodenatmung maximal funktioniert (dank aller Bakterien und Mikroorganismen), dann vermindert sich die Ausscheidung von $CO_2$-Gas sogleich um 50 %, wenn wir 10 bis 15 cm der obersten Humusschicht entfernen! Nehmen wir von der Schicht, die darunterliegt und die schon gut von Wurzeln durchzogen ist, noch einmal ungefähr 10 cm weg, dann sinkt die Bodenatmung auf ein Fünftel der ursprünglichen Aktivität (H. Walter). Wird die Menge organischen Materials jedoch so groß, daß die oberste Schicht zu wenig Wasser und die untere Schicht zuviel Feuchtigkeit bekommt, dann wird die Bodenaktivität in der unteren Schicht abnehmen, da durch die Anwesenheit von viel Feuchtigkeit kein Sauerstoff mehr zutreten kann (anaerober Zustand). Gleichzeitig sinkt die Aktivität in der oberen Schicht stark, da dort aufgrund der Trockenheit keine Bakterien anwesend sind. Dieser Zustand tritt bei Torfbildung auf.

*Ein zweiter Grund* dafür, das organische Material an Ort und Stelle (da, wo es auf den Boden gefallen ist) umsetzen zu lassen, ist dadurch gegeben, daß nur so dem Boden die notwendigen Säuren zugefügt werden. Durch die Anwesenheit von Säuren ist es möglich, daß bestimmte Stoffe gelöst werden, die sich z. B. in Wasser nicht oder weniger leicht lösen und die doch für die Ernährung der Pflanze unentbehrlich sind (Phosphate). Regenwasser ist immer leicht säurehaltig. Ein Teil des Kohlensäure-Gases ($CO_2$), das in der Luft vorhanden ist, wird im Regenwasser gelöst und es entsteht Kohlensäure ($H_2O + CO_2 \rightarrow H_2CO_3$). Dieses schwach säurehaltige Regenwasser ist eine Voraussetzung für den Umsetzungsprozeß des abgefallenen

Pflanzenmaterials, und während dieses Zersetzungsprozesses werden wiederum Säuren gebildet (Humussäuren).

*Drittens* liefern auch die Bakterien und Mikroorganismen ihren Beitrag zur Kohlensäureproduktion! Durch die Atmung von Bakterien und Mikroorganismen wird Kohlensäure-Gas ($CO_2$) ausgeschieden. Der Feuchtigkeitsgrad in der Humusschicht ist so geartet (Regenfall), daß das produzierte $CO_2$-Gas durch Wasser gelöst werden kann; das Endprodukt ist auch hier Kohlensäure ($H_2CO_3$).

Auf diese Weise ist nicht schwer zu erklären, warum bei Phosphaten (Phosphorverbindungen, die als Salze von Phosphorsäure entstanden sind) vom »Humuseffekt« gesprochen wird. Man hat nämlich festgestellt, daß die wichtigen Phosphate von Pflanzen viel besser (ungefähr doppelt so schnell) aufgenommen werden können, wenn eine Humusschicht vorhanden ist (K. Mengel). Säure ist ein gutes Lösungsmittel für Phosphatverbindungen.

Wird das organische Material entfernt, dann bleibt der Regen als einziger Produzent von Säure übrig (zusammen mit den Säuren, die bei den sich in den Pflanzen abspielenden Prozessen entstehen). Es ist logisch, daß ein Absinken des Säuregehaltes für die Löslichkeit z. B. der Phosphate nachteilig ist.

Im Gemüsegarten dagegen ist die Verwendung von Kompost durchaus zu empfehlen. Es ist auch zu empfehlen, den Boden so weit wie möglich zu bedecken, nachdem der Kompost hinzugefügt worden ist. Kompost, der auf kahle Erde gebracht wird, verliert unter dem Einfluß des Sonnenlichtes schnell an Wert. Da wir dann viel Energie darauf verwandt haben, den Kompost herzustellen, sollten wir ihn auch so anwenden, daß er so lange wie möglich funktionieren kann.

*Abb. 82*

*Zeitungsbericht*

»Das Wachstum neuer Wälder in abgeforsteten Gebieten kann durch eine kluge Anwendung von Unkrautbekämpfungsmitteln beschleunigt werden; dies geht aus einer amerikanischen Untersuchung hervor. Es ist bekannt, daß das Wuchern von Unkraut die Entwicklung junger Wälder oft verlangsamt, da dieses Unkraut einen großen Teil der Feuchtigkeit und der Nährstoffe aus dem Boden aufschluckt. Die ständig wiederholte Vernichtung des Unkrauts ist jedoch lästig und oft sogar unmöglich. Der Trick der Amerikaner liegt nun darin, daß sie ein Unkrautbekämpfungsmittel benutzen, das sich zunächst chemisch mit der Baumrinde verbindet und danach von der Rinde sehr allmählich an die Umgebung abgegeben wird. Dadurch wird das Wachstum der Unkräuter sehr stark gehindert. Die Bäume selbst haben keinen Nachteil davon. Im Gegenteil. Dadurch daß sie nicht mit dem Unkraut zu wetteifern brauchen, wachsen sie doppelt so schnell wie normal.«

*Abb. 83*

*Abb. 84*

*Kommentar*

Glücklicherweise wird das natürliche System nun korrigiert. Das haben wir ja auch so nötig! Milliarden Jahre lang meinte die Natur es allein schaffen zu können, ohne die Hilfe der menschlichen Vernunft. *Endlich sind wir nun so weit, daß wir alles wegräumen können, was uns aus ökonomischen Gründen noch im Wege stand.* Vielleicht können wir jetzt sogar so weit gehen, daß wir uns fragen, ob der Baum eigentlich für sein Wachstum wirklich all die Blätter nötig hat, die er von Natur aus entwickelt. »Kluge« Ökonomen können wahrscheinlich berechnen, wie viele Blätter ein Baum minimal braucht, um ein maximales Wachstum zu erreichen. Man könnte kürzlich entwickelte Entblätterungstechniken anwenden, um den Blattwuchs auf das gewünschte Minimum zu reduzieren.

Vielleicht kann die Zahl der Äste aus demselben Grunde eingeschränkt werden. Durch eine zu große Zahl von Ästen und eine zu große Zahl von Blättern wird auch zuviel Nahrung »geschluckt«. Unser Streben muß darauf gerichtet sein, einen Baum mit einer minimalen Krone auf einem möglichst hohen Stamm zu züchten, weil dadurch der höchste ökonomische Ertrag erreicht wird. Die Bäume, an die wir gewöhnt sind, stammen noch aus dem Paradies.

Die Paradiesgeschichte der klugen Amerikaner ist die Geschichte eines ganz anderen Paradieses, nämlich die einer ökonomischen Fata Morgana.

Der Mensch, der einst aus *diesem* Paradies vertrieben werden wird, weil er *sich weigert,* den Apfel zu pflücken, der von diesem Baum der Erkenntnis produziert wird, wird vielleicht den Auftrag bekommen: »Bevölkere die Erde und stelle das wieder her, was du um ökonomischer Interessen willen geglaubt hast vernichten zu müssen.«

Es ist für diesen Menschen zu hoffen, daß noch genug Unkrautsamen im Boden vorhanden sein werden (manche bleiben länger als hundert Jahre keimungsfähig), wenn er imstande sein soll, diesen Auftrag zu erfüllen.

*Abb. 85*

*Abb. 86*

*Abb. 87*

*Abb. 88     Zeitungsbericht*

»Es besteht die Befürchtung, daß der schnelle Rückgang tropischer Regenwälder in Afrika, Asien und Latein-Amerika zu großer Milieuschädigung führen wird. In der dritten Welt fährt man fort, in großem Maßstab Wälder abzuholzen oder abzubrennen, um auf dem frei gewordenen Boden Reis, Mais, Bananen, Kakao, Zuckerrohr, Ölpalmen und dergleichen anzubauen. Auf diesen so urbar gemachten Böden wird die angelegte Kultur jedoch nur einige Jahre fortgesetzt, weil der Untergrund des Waldes zu arm ist. Regenfall spült den Boden schnell aus. Das verlassene kultivierte Gebiet degeneriert zu Steppe oder schlechtem Brachland, auf dem höchstens junger Wald von einer völlig anderen Zusammenstellung als der frühere Regenwald wächst. Die Folgen von diesem allem sind Erosion in großem Maßstab, Verschlechterung der Qualität des Bodens, Störung des Wasserhaushaltes, Versandung der Flüsse, extreme Unterschiede zwischen den Wasserständen, mehr Überströmungen und klimatologische Veränderungen. Hier und da wird wohl wieder neuer Wald angepflanzt, aber der wiegt die Millionen und Millionen Hektare Regenwald nicht auf, die jedes Jahr verlorengehen.

*Abb. 88*   Baumstubben sind sowohl über der Erde (Mikroklima) als auch unter der Erde (Wurzelgeflecht) von großer Bedeutung.
Die Zufuhr des notwendigen organischen Materials findet nämlich nicht nur über der Erde, sondern auch direkt unter der Erdoberfläche statt.
Wurzeln von Bäumen und Pflanzen wachsen ständig. Die Notwendigkeit, Wasser zu suchen, stimuliert dieses Wachstum. Ununterbrochen sterben dünne Wurzeln ab (so wie man von Blätterfall spricht, so spricht man auch von Wurzelfall), und es bilden sich neue.
Auf diese Weise wird dem Boden jährlich eine Menge organischen Materials zugefügt, die ebenso groß ist wie die Menge organischen Materials, die auf dem Boden in der Streulage von dreißig Jahre alten Baumbeständen aufgehäuft ist.

*Van der Ven:*
»Unsere analytischen Wissenschaften kommen nicht über die Betrachtung eines kleinen Teiles hinaus und gewinnen keinen Einblick in die Totalität des Prozesses. Ich glaube, daß man erst zu einer Mentalitätsveränderung kommen kann, wenn man eine Übersicht über den gesamten Prozeß hat.«

*J. A. Mathijsen:*
»Ich weiß nicht, wo in unserer Entwicklungsgeschichte die Ursache dafür liegt, daß bestimmte Teile unseres Gehirns, die mit Kontrolle und Analyse zu tun haben, sich so sehr auf Kosten anderer Teile des Gehirns entwickelt haben, die mit Emotionen zu tun haben.«

*Kommentar*

Von der analytischen Wissenschaft darf man nicht mehr, aber auch nicht weniger erwarten als analytische Forschung. Wird jedoch dem analytischen Wissenschaftler Entscheidungsgewalt gegeben für die Fälle, in denen eine Entscheidung aus einer Mentalität heraus gefällt werden muß, die die Synthese als Hauptsache ansieht, dann kann man nur hoffen, daß nichts schiefgeht!
Vielleicht ist es inzwischen wünschenswert geworden, die Teile des Gehirns mehr zu entwickeln, die mit Emotionen zu tun haben.
Wenn die Menschen, die die beiden Extreme verkörpern, jedoch ihre jeweilige Stellung innerhalb des gesamten Prozesses kennen, dann ist eine Mentalitätsveränderung nicht nötig.
Der Cambrische Mohn ist so abgebildet, daß sowohl analytische wie gefühlsmäßige Bildelemente in der ihnen eigenen Art zum Zustandekommen eines Ganzen beigetragen haben.

*Abb. 89* Cambrischer Mohn *(Meconopsis cambrica).*

*Abb. 90/91* Allein Bäume sind imstande, das Mikroklima, soweit dies durch die Vegetation gebildet wird, maximal funktionieren zu lassen (wenn die Bedingungen für die Entstehung von Wald erfüllt sind). Sobald das Grundwasser so hoch steht, daß es in Reichweite des Wurzelgeflechts des Baumes kommt, wirkt der Baum mit an der Regulierung des Wasserhaushalts (Verdampfung). Ist die Situation jedoch so, daß das Grundwasser vollkommen außerhalb des Einflusses der Wasser anziehenden Kraft von Bäumen bleibt (extrem niedriger Grundwasserspiegel), dann ist eine permanente, nicht auf Produktion ausgerichtete Waldvegetation noch viel wichtiger, da Wald viel größere Mengen Wasser festhalten kann als eine Vegetation, die nur aus weniger tief wurzelnden Pflanzen zusammengestellt ist.

Abb. 90

Abb. 91

*Abb. 92* Spirea van houttei auf verwildertem Grasland.

Natürlich ist das Experimentieren mit verschiedenen Arten von Bepflanzung innerhalb einer bestehenden Vegetation im eigenen Garten nicht immer möglich. Solche Experimente sollten, viel mehr als heute üblich, auf Gebieten gemacht werden, die *in der unmittelbaren Umgebung* der großen Städte liegen. Dort ist nämlich der negative Einfluß des Menschen auf die umgebende Kulturlandschaft unvorstellbar groß. Jede Pflanze, die hier *noch wachsen will*, muß dazu die Gelegenheit bekommen. Diese Vegetationen werden im allgemeinen auf diese Gebiete beschränkt bleiben müssen. Man spricht dann gern von »botanischer Verfälschung«, das gilt aber nur für Gebiete, wo die vorhandene Vegetation noch vollständig – oder wenigstens zur Hälfte – natürlich ist.

*Abb. 93/94* Wenn wir uns mehr nach dem Wachstumsprozeß richten, durch den der ganze Garten seine Gestalt erhält, dann müssen auch die Pfade stets ihre Form und Richtung ändern können. Das geschieht aber fast nie! Der einmal für die Pfade gewählte Verlauf ändert sich nur selten. Besteht der Pfad aus flachen Steinen, dann kann der Wachstumsprozeß, soweit er die Pfade betrifft, sich auch in der Höhe abspielen. Viel Material (Schutt, Kies, Sand, Asche, Schlacken), das im Garten nicht gebraucht wird, kann ständig unter die Steine des Pfades gelegt werden. Dadurch entstehen unter dem Pfad bessere Feuchtigkeitsregulierung und andere Temperaturverhältnisse. Mikroorganismen werden angezogen, weil zwischen den verschiedenen Materialien viele offene Zwischenräume bleiben, die nicht mit Erde aufgefüllt werden. Auf diese Weise ist es auch möglich, daß Pfade, die anfänglich tiefer liegen als die Bepflanzung, später über diese hinausragen.

*Abb. 93*

*Abb. 94*

*Abb. 95/96* An der Kennedylaan in Heerenveen wachsen Königskerzen *(Verbascum)* spontan zwischen den lose aufeinandergestapelten Steinen einer Mauer (s. Abb. XX). Auf den ersten Blick ist das nichts Besonderes. Das ist es jedoch wohl, wenn man bedenkt, daß die Mauer zugleich als Begrenzungsmauer für einen Parkplatz dient (Auspuffgase)!

Dieses Beispiel zeigt, daß es Pflanzen gibt, die, wenn das übrige Mikroklima günstig ist, fähig sind, unter weniger günstigen Umständen zu wachsen. Aus denselben Gründen wird an anderen Stellen in diesem Garten mit vielen Arten Kulturpflanzen experimentiert, um ein Vegetationskleid entstehen zu lassen, das sich an jede mögliche und unmögliche Situation wird anpassen können.

*Abb. 95*

*Abb. 96*

Anläßlich seines China-Besuches vor einiger Zeit (September 1972) schreibt der Ökonom John Kenneth Galbraith u. a.:
»An amerikanischen oder japanischen Maßstäben gemessen, verwenden die chinesischen Bauern sehr wenig Kunstdünger. Sie scheinen den alten Bauernglauben ernst zu nehmen, der davon ausgeht, daß solcher Kunstdünger der Bodenstruktur schade. Auch gibt es in ihrem Ackerbau wenig Mechanisierung.«
Im Gegensatz zum abergläubischen China hat in all denjenigen Ländern, in denen die Ackerbaumechanisierung stark entwickelt ist, auch die Verwendung von Kunstdünger entsprechend zugenommen. Nehmen wir als Beispiel die Zahlen für die drei wichtigsten Düngemittel Stickstoff, Phosphor und Kali, in einem Land wie Belgien, dann können wir an Hand dieser Zahlen feststellen, warum die Chinesen offenbar wenig geneigt sind, zu vollständiger Mechanisierung überzugehen, weil dies gleichzeitig zu einer erhöhten Verwendung von Kunstdünger führt.

E. A. Mitscherlich bemerkt zu Recht, daß Kunstdünger im allgemeinen in einer solchen Zusammenstellung hergestellt wird, daß die Pflanze ihn mit größtmöglicher Schnelligkeit aufnehmen kann. Die Produktion ist also auf eine Herstellung von Mischungen ausgerichtet, die leicht löslich sind. Durch die Mechanisierung wird der Boden jedoch sehr oft intensiver Bearbeitung ausgesetzt, wodurch er seiner schützenden Vegetation beraubt wird. Dadurch vergrößert sich die Gefahr der Ausspülung der leicht löslichen Kunstdüngerstoffe.

Schweden ist eines der ersten Länder, die erwägen, Stickstoff als Dünger zu verbieten oder die Anwendung drastisch einzuschränken! Die übermäßige Stickstoffdüngung verursacht nämlich die Bildung giftiger Stickstoffverbindungen (Nitrite), die schnell ausgespült werden und dadurch dem Grundwasser einen zu hohen Gehalt an Nitrit zufügen können. Die Folge sind Vergiftungserscheinungen. Wenn man tatsächlich zu einem Verbot übergeht, dann wird sich allerdings ein ernstes Problem ergeben, da Stickstoff eines der meistbenutzten Düngemittel ist. Es war ja gerade die künstliche Herstellung von Stickstoff, die die Menschheit einen großen Schritt vorwärts gebracht hat in bezug auf die Lösung des Nahrungsproblems.

*Abb. 97* Experimentierterrain Mildam (bei Heerenveen).
Schnell wachsender junger Waldbestand inmitten eines geschlossenen, ungestörten Vegetationskleides (s. Zeitungsberichte S. 178 und 179).

*Abb. 98*

Stickstoffdüngung stimuliert das Wachstum der grünen Teile der Pflanze. Und gerade in diesen grünen Teilen befinden sich die wichtigsten Nährstoffe für den Menschen (besonders Eiweißstoffe).

Alle Nährstoffe, die die Pflanze von Natur aus braucht, können ihre maximale Wirkung nur dann erreichen, wenn *ihr Verhältnis zueinander,* in dem sie im Boden vorhanden sind, auch wirklich stimmt. So ist z. B. die Wirkung des Stickstoffs sehr stark von der vorhandenen Menge Kohlenstoff abhängig. Es gibt eine Verhältniszahl, die wir als Richtzahl benutzen können, um zu erfahren, ob Stickstoff und Kohlenstoff in den richtigen Mengen vorhanden sind. Allgemein wird angenommen, daß dieses C/N-Verhältnis 10 : 1 ist (K. Mengel). D. h., fügt man mehr Kohlenstoff zu – so daß das Verhältnis z. B. 20 : 1 wird – kann der Stickstoff von den Pflanzen nicht leicht aufgenommen werden (A. Kloke). Zu große Mengen Kohlenstoff erschweren offenbar die Aufnahme von Stickstoff. Ändert sich das Verhältnis so, daß Kohlenstoff und Stickstoff sich wie 5 : 1 verhalten, dann wird den Pflanzen die Aufnahme von Stickstoff erleichtert. Und wenn der Stickstoff schnell aufgenommen wird, dann beeinflußt das wiederum die Schnelligkeit, mit der der anwesende Kohlenstoff umgesetzt wird. Der Kohlenstoff wird um so schneller umgesetzt, je schneller die Stickstoffumsetzung vor sich geht.

Man hat festgestellt, daß bei Vegetationen, die nicht gestört werden (Wald als Klimax-Vegetation), der Kreislauf aller Nährstoffe keinen Stickstoff verlorengehen läßt. Was über Kohlenstoff und Stickstoff gesagt werden kann, gilt nicht nur ebenso für das Verhältnis aller anderen Nährstoffe zueinander (z. B. Kalk und Kali), *sondern es bedeutet auch, daß dieses Verhältnis bestimmend sein kann für die Anwesenheit aller menschlichen und tierischen Lebewesen innerhalb eines bestimmten Systems.*

Maldague nennt für Belgien die folgenden Zahlen, um einen Eindruck vom außerordentlichen Ansteigen der Verwendung von Kunstdünger zu geben:

1910 benutzte man 14 kg Stickstoff pro ha, 1967 waren es 95 kg: eine Zunahme von 81 kg in 57 Jahren.

Für Phosphor sind diese Zahlen entsprechend 20 kg und 90 kg,

so daß die Zunahme in 57 Jahren hier bei 70 kg liegt. Für Kalium liegt die Zunahme bei 104 kg in 57 Jahren, denn 1910 wurden 4 kg Kali verwendet gegenüber 108 kg im Jahre 1967. Im Laufe von 57 Jahren wurde die Menge verwendeten Stickstoffs also ungefähr versiebenfacht, die Menge Phosphor verfünffacht und die Menge Kali verfünfundzwanzigfacht.
In derselben Zeit hat sich zudem auch das Verhältnis zwischen Stickstoff, Phosphor und Kali gründlich geändert. *Und gerade ihr Verhältnis zueinander ist das Wichtigste!*
Natürlich sind die Zahlen, die als Ausgangspunkt genommen wurden (nämlich die von 1910), nicht in dem Sinne zu verstehen, daß in jenem Jahr das Verhältnis optimal gewesen wäre. Alle Zahlen, sowohl die für 1910 als auch die für 1967, können nur zum Vergleich benutzt werden.
Nehmen wir die benutzte Menge Kali als Einheit, dann wurde 1910 also ungefähr fünfmal soviel Phosphor und 3,5mal soviel Stickstoff verwendet. Gehen wir auch 1967 vom Kali aus, dann ist die benutzte Menge Phosphor 1,2mal so groß und die Menge Stickstoff auch 1,2mal so groß. Vergleichen wir also die Menge benutzten Phosphors 1910 mit der Menge benutzten Stickstoffs, dann ist das Verhältnis 5 : 3,5. 1967 war dieses Verhältnis 1,2 : 1,2 geworden. Die Erhöhung der Kaliverwendung scheint also das Verhältnis zwischen Stickstoff und Phosphor so zu verändern, daß eine Gleichgewichtssituation entstehen kann. Es ist nur vernünftig anzunehmen, daß bei einer noch höheren Kaliverwendung das Verhältnis zwischen den zu benutzenden Mengen Stickstoff und Phosphor sich so verändern wird, daß dieses Gleichgewicht zugunsten des Stickstoffs zerstört wird.
Verwendung größerer Mengen Stickstoff führt zu einer Stärkung des Wachstums. Die Zellen der Pflanzen werden durch die große Menge Stickstoff in ihrem Längenwachstum stimuliert. Die Zellwände werden dabei dünner und der Inhalt der Zelle vergrößert sich. Die Zusammenstellung der Zellflüssigkeit, die sich in der Zelle befindet, verändert sich, wobei die Menge Wasser in der Zelle zunimmt. *Was nicht zunimmt, ist die gesamte Menge an Kalk* (R. L. Donahue, J. C. Shickluna, L. S. Robertson). Wenn mit der Vergrößerung der Zellwand auch der Prozentsatz an Kalk zunehmen würde, dann würden

*Abb. 99* Projekt Kennedylaan, Heerenveen.

Große Vielfalt von Pflanzen ist als Antwort der Natur auf eine große Vielfalt in der strukturellen Anlage des Gartens möglich (s. auch Abb. 70/73). Dadurch nimmt auch die Vielfalt von Insekten und Vögeln stark zu.

Die Ausbreitung von Insektenvölkern (Plagen) wird eingeschränkt, wenn Pflanzensorten nur mit einigen Exemplaren vertreten sind.

*Abb. 99*

im Falle einer Zunahme der Stickstoffdüngung die Pflanzen auch ihre Kraft behalten.

Das Kennzeichen einer zu starken Stickstoffdüngung ist denn auch, daß die Pflanzen zwar größer, aber zugleich auch schwächer werden. Durch Düngung mit großen Mengen Stickstoff erhalten wir also zwar eine größere Quantität, aber zugleich wird die Qualität des gezüchteten Produktes verändert. Maldague sagt übrigens, daß durch diese stärkere Stickstoffdüngung der Stickstoffgehalt im Gewächs selbst auch zunimmt. In bestimmten Situationen können dann Nitrate zu Nitriten reduziert werden. Diese Nitrite verursachen seiner Meinung nach bei kleinen Kindern und jungen Tieren Hämoglobinvergiftungen und Mangel an Sauerstoff.

Vielleicht sind es diese Erscheinungen, die die Schweden haben beschließen lassen, die Anwendung von Stickstoff einzuschränken. Als zusätzlichen Grund könnte man die Folgen einer Erhöhung der Menge verwendeten Stickstoffs z. B. auf einer Weide anführen. Hier bewirkt die Anwendung von viel Stickstoff, daß Pflanzen, die zu den Leguminosen gerechnet werden (z. B. Klee), und alle übrigen Kräutergewächse vollkommen verschwinden. Die Folge ihres Verschwindens ist, daß die Vielfalt abnimmt und daß dadurch die Weidelandkultur sich wiederum mehr in Richtung einer Monokultur entwickelt.

Letzteres, zusammen mit der Tatsache, daß die Anwendung von Kunstdünger eine Intensivierung der mechanischen Bodenbearbeitung notwendig macht, zeigt, daß die Chinesen zu Recht ihren Boden in Schutz genommen haben. Und obwohl die Gesellschaft, in der Galbraith sich befand, ausschließlich aus amerikanischen Ökonomen bestand, die im allgemeinen nichts von Aberglauben halten, wird es dieser Gruppe doch nicht entgangen sein, daß China auf einem anderen Wege der Erscheinung der Hungersnot ein Ende gemacht hat. Eine wirkliche Leistung für ein »abergläubisches Volk«.

*Abb. 100*

*Indira Ghandi:*
»Verschmutzung ist kein technisches Problem. Der Fehler liegt nicht bei der Wissenschaft und der Technologie als solcher, sondern im Gefühl für Werte in der Welt unserer Zeit, das die Rechte von anderen übersieht und die weitere Perspektive aus den Augen verliert.
Der höhere Lebensstandard muß verwirklicht werden, ohne das Volk seinem Erbe zu entfremden und ohne die Natur ihrer Schönheit, Frische und Reinheit zu berauben, die für unser Leben von so essentieller Bedeutung sind.
Der moderne Mensch muß die Bindung an die Natur und an das Leben wiederherstellen. Er muß aufs neue lernen, so wie die Alten in Indien vor Jahrhunderten, daß man der Erde und der Atmosphäre nur so viel entziehen, wie man ihnen wieder zurückgeben kann. Der inhärente Konflikt besteht nicht zwischen Erhaltung und Entwicklung, sondern zwischen dem Milieu und der rücksichtslosen Ausbeutung des Menschen und der Erde im Namen der Effektivität.«

*Abb. 100* Kinder haben spielend gelernt, daß ein System, das aus kleinen Elementen aufgebaut ist, schwer zu vernichten ist.
Je kleiner die Segmente sind (Kleinstruktur) und je variierter das stählerne System ist, das diese Segmente umschließt, desto größer ist der Widerstand gegen vernichtende Kräfte. Wird dieses kleinstrukturierte System durch ein großstrukturiertes ersetzt (ein großes Fenster ohne Stege), dann genügt ein einziger Steinwurf eines Kindes, um das ganze System zu vernichten.
Dasselbe geschieht im Garten. Ist dieser auf einer dürftigen strukturellen Basis aufgebaut und hat er mit dadurch eine wenig variierte und strukturierte Gestalt, dann ist das Ganze ein leichtes Ziel für zerstörerische Kräfte (Krankheiten).

*Abb. 101* Albert Schweitzer:
»Die Menschheit hat die Fähigkeit verloren, vorausblicken zu können.«

*Abb. 102*  »Selig sind die Armen im Geiste.«

*Abb. 103* Es ist besser, einen Garten mit einer Mauer zu umgeben. Hecken sind immer falsch, wenn man von der Pflanze her argumentiert, da sie nur realisiert werden können, indem man alle Pflanzen in einer Reihe anpflanzt. Außerdem ist das Mikroklima, das durch eine geschlossene Mauer entsteht, günstiger (konstanter) als das einer Hecke. Eine Mauer eignet sich außerdem hervorragend für Bewuchs (Efeu – *Hedera helix).* Und Mauern sind weniger arbeitsintensiv; Unterhaltsarbeiten sind ein zu vernachlässigender Faktor. Das Schneiden von Hecken erfordert viel Arbeit, die eigentlich nutzlos ist. Dadurch wird der Energieverlust aus dem Ökosystem nur unnötig vergrößert.

*Abb. 104* Häuser und Brennesseln.
Manchmal müssen Gebiete gegen nachteilige Einflüsse von außen geschützt werden. Das geschieht meist mit technischen Mitteln (Stacheldraht). Dabei sind Pflanzen für diesen Zweck oft besser geeignet (Dornen, Stacheln), weil sie neben ihrer schützenden Funktion gleichzeitig als Teil des natürlichen Prozesses funktionieren.
Die Abb. zeigt die Brennessel als Beschützer. Wenn man öfter ähnlich zu Werke gehen würde, dann würde auf einfache Weise ein Schutz zustande kommen, der zugleich Boden verbessernd wirkte.

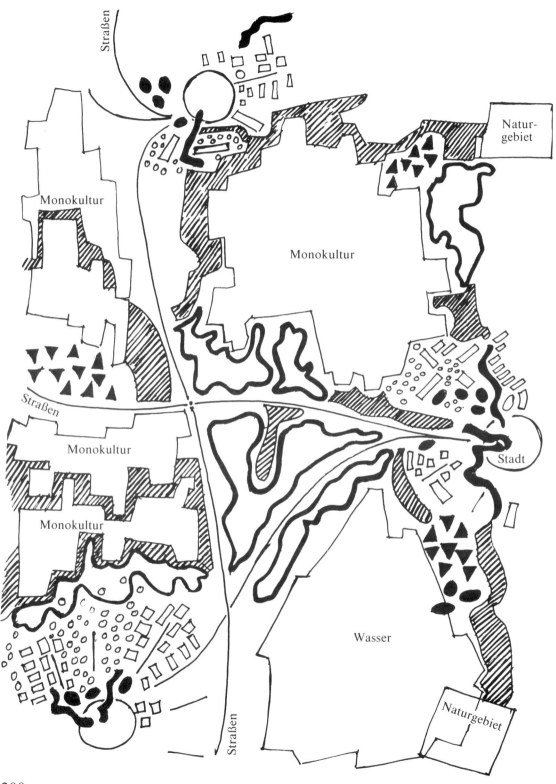

Erklärung der Bildzeichen der auf S. 200 abgebildeten Planzeichnung.
Erläuternder Text s. S. 148 und 149.

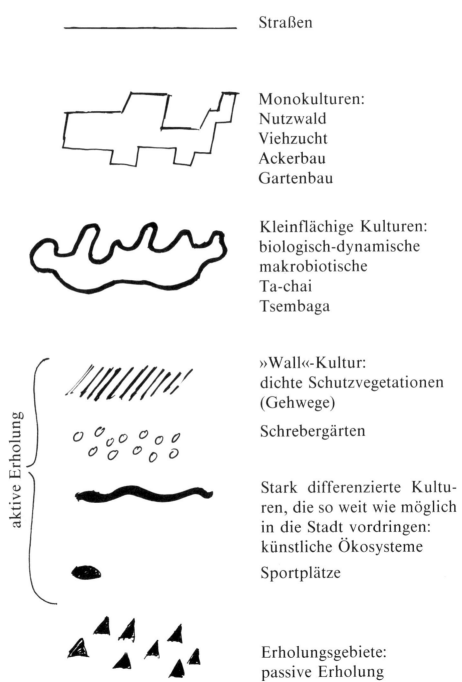

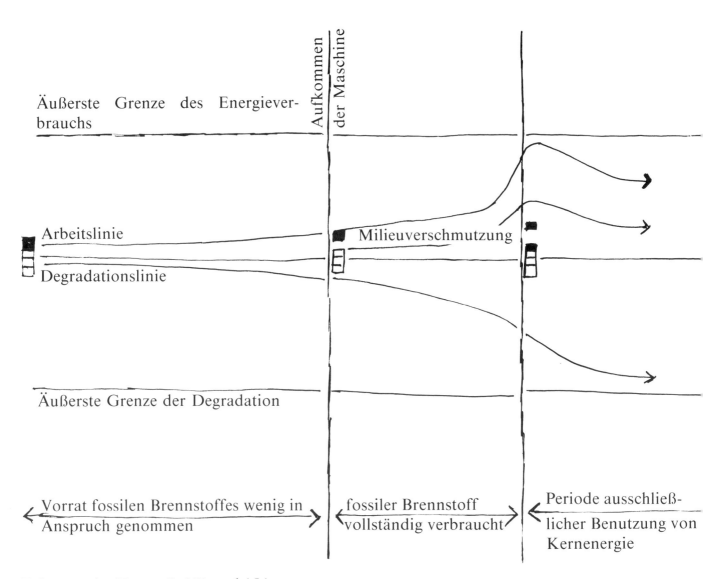

Erläuternder Text s. S. 153 und 154.

»Eine alte Kultur, die lange gebraucht hat, um sich zu entwickeln, bietet Feinmuster. Etwas, das plötzlich entsteht, aus welchen Gründen auch immer das geschehen muß, schafft unvermeidlich Eintönigkeit.«

A Grundwasser          B Grundwasser

204

Erklärender Text zu den Zeichnungen auf S. 204.

Durch die Vergrößerung der Oberfläche von Kulturböden auf Kosten der Oberfläche von Waldböden wird der natürliche Prozeß in seiner Möglichkeit, maximal zu funktionieren, nachteilig beeinflußt.

Das Verhältnis zwischen landschaftlich flachen und landschaftlich geschlossenen und bewachsenen Strukturen muß so sein, daß beide Landschaftsformen einander günstig beeinflussen.

Gut zwei Drittel vom gesamten ursprünglichen Waldbestand Europas sind zugunsten der Schaffung notwendiger offener Landschaftsstrukturen (Weideland, Ackerbauland, Gartenbaugebiete, Sport- und Erholungsgebiete, Städtebau usw.) zerstört worden. Die unmittelbare Folge: außerordentlich großer Verlust von wichtigen Randgebieten. Da im Randgebiet die Entwicklung natürlicher Aktivitäten am größten ist, hat diese im selben Verhältnis abgenommen.

Nebenstehende Zeichnung zeigt deutlich den Unterschied zwischen den beiden Landschaftsstrukturen. Das Wurzelgeflecht unter der hohen Vegetation (Zeichnung A) ist im Verhältnis zu groß gezeichnet.

Es ist deutlich, daß bei der Vegetation in Zeichnung A (größtmögliche Differenzierung in horizontaler Schichtung) die Möglichkeit zur Entfaltung natürlicher Aktivität, sowohl oberirdisch wie unterirdisch, maximal genannt werden kann. Bei dem Zustand der Vegetation in Zeichnung B wird die Möglichkeit zur Entwicklung natürlicher Aktivität auf die dünne Pflanzenschicht beschränkt, die den Boden bedeckt (Graskultur, Ackerbau, Gartenbau), und das zugehörige Wurzelgeflecht. Sowohl über diesem dünnen Vegetationskleid als auch unter den weniger tief eindringenden Wurzeln befinden sich große Gebiete, in denen die Aktivität der Natur auf ein Minimum beschränkt ist.

Obwohl das Verhältnis zwischen offenen und geschlossenen Landschaftstypen schon in der heutigen Landschaft für das maximale Funktionieren des natürlichen Prozesses äußerst nachteilig ist, wird es in Zukunft eher noch ungünstiger werden. Die Struktur der Parklandschaft, die nach dem Kahlschlag von Wäldern entstanden ist, ist für großflächige Ackerbaukulturen ungeeignet (in der Parklandschaft kleine Betriebsflächen, umsäumt von hohen bewachsenen Mauern – günstiges Verhältnis von horizontaler und vertikaler Vegetation zueinander).

Strukturvergrößerung, die für die neu zu bauenden Betriebe notwendig ist (Monokultur), ist die Ursache für das Verschwinden der günstigen vertikalen Wachstumsstrukturen. Das Verhältnis zwischen vertikalen und horizontalen Vegetationen, das notwendig ist für das bessere Funktionieren des natürlichen Prozesses, wird also ungünstig verändert.

Gerade in den Gebieten (Industriezentren), in denen die Natur durch Formen vertikaler Vegetationen maximal müßte funktionieren können, wird fast alles auf flache Vegetationsformen reduziert.

*Abb. 106*

*Abb. 107*

*Abb. 106/109* Projekt Kennedylaan, Heerenveen. Abbildungen und Zeichnung geben ein Bild davon, wie vom Zentrum von Heerenveen aus, mit Hilfe der kilometerlangen Bepflanzung (Breite 18 m) an der Kennedylaan, Kontakt zu der bestehenden Waldvegetation der angrenzenden Landschaft gesucht worden ist (Abb. 106, Horizont). Das tiefe Vordringen bis weit ins Stadtzentrum ist eine äußerst günstige Voraussetzung für größtmögliche Entfaltungsmöglichkeit der Natur. Man strebt danach, die Vegetation möglichst variiert zu gestalten. Wollen nun die Anwohner für ihren eigenen Garten die Anwesenheit so vieler Insekten, Vögel, Blumen und Schmetterlinge ausnutzen, dann können sie (ohne zu imitieren) dies tun, indem sie sich der unten aufgeführten Liste von Pflanzen bedienen. In dieser Liste ist eine große Anzahl Pflanzen, Sträucher und Büsche zusammengestellt, die den Besuch von Insekten im Garten sehr fördern. Durch diese Insekten wird die Fremdbestäubung von Pflanzen wiederum stark stimuliert (man denke an die Arbeit von Bouffier), Vögel werden die Gärten öfter aufsuchen, die Imker werden Ihnen dankbar sein.

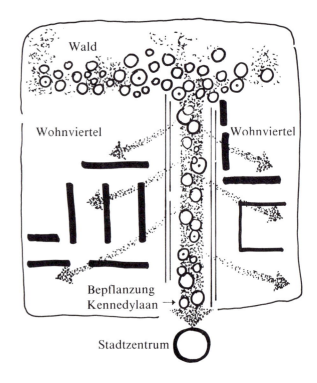

*Abb. 108* Projekt Kennedylaan, Heerenveen. Spielerische Willkür.

Abb. 108

*Abb. 109* Projekt Kennedylaan, Heerenveen. Insekten als Mitarbeiter.

Abb. 109

# Honig liefernde Pflanzen

## Bäume

| Lateinischer Name | Deutscher Name | Blütezeit | Bemerkungen |
|---|---|---|---|
| Acer lobelii | | Mai | |
| Acer platanoides | Spitzahorn | April–Mai | säulenförmig wachsend |
| Acer platanoides ›Columnare‹ | | | säulenförmiger Wuchs |
| Acer platanoides ›Faassen's black‹ | | | sehr dunkles Blatt, mit voller Krone |
| Acer platanoides ›Globosum‹ | | | |
| Acer platanoides ›Reitenbachii‹ (= rubrum) | | | Blatt das ganze Jahr rötlich im Frühjahr rotes Blatt |
| Acer platanoides ›Schwedleri‹ | | | |
| Acer pseudoplatanus | Bergahorn | Mai | |
| Acer pseudoplatanus ›Atropurpureum‹ | | | Unterseite der Blätter rot |
| Acer pseudoplatanus ›Worleei‹ | | | Blätter goldgelb |
| Acer rubrum | Roter Ahorn | März–April | im Frühjahr purpurn ausschlagend |
| Acer saccharum | Zuckerahorn | April | prächtige Herbstfarbe, trägt fast keine Früchte |
| Aesculus carnea | Rotblütige Roßkastanie | Mai | |
| Aesculus hippocastanum | Gewöhnliche Roßkastanie | | |
| Ailanthus glandulosa | Götterbaum | Juni–Juli | |
| Castanea sativa | Edelkastanie | Juni–Juli | |
| Liriodendron tulipifera | Tulpenbaum | Juni | |
| Prunus avium | Vogelkirsche | April | |
| Robinia hispida | Robinie, Akazie | | rosa Blüten |
| Robinia luxurians | | Juli–August | rosa Blüten, sehr schön, windempfindlich |
| Robinia pseudoacacia (acacia) | Gemeine Akazie | Juni | |
| Robinia pseudoacacia ›Aurea‹ | | | gelbe Blätter |
| Robinia pseudoacacia ›Inermis‹ | | | ohne Dornen |
| Robinia pseudoacacia ›Semperflorens‹ | | Juni–September | |

Abb. 110

| Lateinischer Name | Deutscher Name | Blütezeit | Bemerkungen |
|---|---|---|---|
| Salix alba | Silberweide | April–Mai | |
| Salix alba ›Chermesina‹ | | | als Windschutz geeignet |
| Salix alba ›Sericea‹ | | | silbriges Blatt |
| Salix babylonica | Trauerweide | Mai | |
| Salix daphnoides | Reifweide | März | ›bereifte‹ Zweige, große Kätzchen, als Windschutz geeignet, auch auf trocknem Boden |
| Salix pentandra | Lorbeerweide | Mai | glänzendes Blatt |
| Sophora japonica | | August–Sept. | kleiner Baum |
| Tilia americana | | Juli | |
| Tilia cordata | Winterlinde | Juni | blüht schon als junge Pflanze |
| Tilia euchlora | | Juli | |
| Tilia europaea (= vulgaris, = hollandica) | | Juni | |
| Tilia moltkei | | Juli | blüht schon als junge Pflanze, gibt sehr viel Nektar |
| Tilia petiolaris | Hängende Silberlinde | Juli | |
| Tilia platyphylla | Sommerlinde | Juni | |
| Tilia tomentosa | Silberlinde | Juli–August | |

## Ziersträucher

| Lateinischer Name | Deutscher Name | Blütezeit | Bemerkungen |
|---|---|---|---|
| Acanthopanax sieboldianus | | | torniger Strauch |
| Acer cissifolium | | Mai | weiße Blüte, prächtige rote Früchte |
| Acer ginnala | | Mai | weiße Blüten |
| Acer spicatum | | April–Mai | Blüten in langen weißen Büscheln |
| Amorpha fruticosa | | Juli–August | Trauben purpurner Blüten mit goldgelben Staubgefäßen |
| Aralia elata | | August–Sept. | sehr große Blätter und Blütentrauben |
| Azalea spec. | | | |
| Berberis spec. | Sauerdorn | | sehr viele prächtige Arten und Varietäten, schöne Blüten und Beeren |
| Buxus sempervirens | Buchsbaum | April | immergrün |
| Calluma spec. | Besenheide | August–Sept. | prächtige, wohlriechende blaue Blüten |
| Caryopteris incana | | August–Sept. | |
| Ceanothus hybriden | | August–Sept. | feine Pastellfarben |
| Chaenomeles lagenaria | Japanische Scheinquitte | April–Mai | Varietäten mit roten, rosa oder weißen Blüten |
| Cotoneaster spec. | Zwergmispel | Mai–Juni | sehr viele Arten und Varietäten, schöne kleine Früchte |
| Cydonia oblonga | Quitte | Mai | duftende Früchte (Konfitüre) |
| Deutzia | | Juni | einblütige Arten und Varietäten |
| Elaeagnus multiflora (= edulis) | Ölweide | Mai | prächtige rote Früchte |
| Elsholtzia stauntonii | Kamminze | August–Sept. | lilarote Blütenbüschel |
| Erica spec. | Heidekraut | Februar–Aug. | abhängig von der Art |
| Escallonia langleyensis | | Juli–Sept. | hellrosa Blüten, immergrün |

| Lateinischer Name | Deutscher Name | Blütezeit | Bemerkungen |
|---|---|---|---|
| Evodia daniellii | | Juni | |
| Evodia hupehensis | | Juni | |
| Fontanesia fortunei | | Juni | |
| Hibiscus syriacus | | August–Sept. | |
| Koelreuteria paniculata | | Juli–August | großer Strauch-Baum, Trauben gelber Blüten |
| Kolkwitzia amabilis | | Juni | große Büschel, rosa Blüten |
| Lonicera ruprechtiana ›Xanthocarpa‹ | | Mai | rosa Blüten, prächtige orangefarbene Beeren |
| Lonicera tatarica | Tataren-Geißblatt | Mai | weiße Blüten, rote Früchte |
| Mahonia aquifolium | Mahonie | April | gelbe Blüten, blaue Beeren |
| Malus spec. | Apfelbaum | April–Mai | in sehr vielen Arten und Varietäten, oft mit schönen Früchten |
| Mespilus germanica | Mispel | Mai | eßbare Früchte |
| Prunus cerasifera ›Nigra‹ | Kirschpflaume | April | großer Strauch, dunkles Blatt, rosa Blüte |
| Prunus cerasifera ›Atropurpurea‹ | | April | großer Strauch, dunkles Blatt, weiße Blüten |
| Prunus incisa | | März–April | ziemlich großer Strauch, sehr reich blühend, weiß |
| Prunus sargentii | | Mai | große rosa Blüten, großer Strauch |
| Prunus serrulata ›Amanogawa‹ | | Mai | säulenförmig wachsend, große weiße Blüten |
| Prunus subhirtella | | April | großer Strauch, hellrosa Blüten |
| Prunus subhirtella ›Pendula‹ | | März | Trauerform, sehr reich blühend, hellrot |
| Prunus tenella | | April | kleiner Strauch, rosa Blüten |
| Prunus tomentosa | | März–April | ziemlich kleiner Strauch, hellrosa Blüten |
| Ptelea trifoliata | | Juni–Juli | grünweiße Blütenschirme |
| Rhododendron | | | |
| Rhus typhina | Sumach | Juni | dunkelrote samtartige Büschel |
| Ribes sanguineum | Rote Johannisbeere | April | viele Varietäten mit hell dunkelrosa Blüte |
| Salix cinerea tricolor | | April | Blatt rosa und weiß gefleckt |
| Salix cotinifolia | | April | gelbe runde Kätzchen |
| Salix irrorata | | April | weiß›bereifte‹ Zweige, orangefarbene Kätzchen |
| Salix magnifica | | Mai | sehr große Blätter, große Kätzchen |
| Staphylea bumalda | Pimpernuß | Mai–Juni | Blüten in weißen Büscheln, schöne Früchte |
| Staphylea colchia | Pimpernuß | Mai | Blüten in weißen Büscheln, schöne Früchte |
| Staphylea pinnata | Pimpernuß | Mai–Juni | Blüten in weißen Büscheln, schöne Früchte |
| Staphylea trifolia | Pimpernuß | Mai | Blüten in weißen Büscheln, schöne Früchte |
| Symphoricarpus chenaultii | | Juni–Sept. | rosa Blüten, rosa Beeren |
| Symphoricarpus occidentalis | | Juni–August | weiße Beeren |
| Symphoricarpus orbiculatis | | Juni–Sept. | rosa Blüten, rote Beeren |
| Symphoricarpus albus | Schneebeere | Juni–Sept. | weiße Beeren |
| Caevigatus spec. | | | |

| Lateinischer Name | Deutscher Name | Blütezeit | Bemerkungen |
|---|---|---|---|

## Sträucher für Randbepflanzung und Holzzäune

| | | | |
|---|---|---|---|
| Berberis vulgaris | Sauerdorn | Mai–Juni | gelbe Blüten, rote Früchte |
| Berberis thunbergii | | Mai | gelbe Blüten, rote Beeren, Dornen |
| Ligustrum vulgare | Liguster | Juni–Juli | weiße Blüten |
| Lycium halimifolium | Bocksdorn | Juli–August | |
| Prunus insititia | Haferpflaume | März–April | weiße Blüten |
| Rhamnus frangula | Faulbaum | Juni–August | |
| Salix alba | Silberweide | Mai | vorzugsweise männliche Exemplare pflanzen |
| Salix amygdalina | Mandelweide | April | vorzugsweise männliche Exemplare pflanzen |
| Salix aurita | Ohrenweide | April | vorzugsweise männliche Exemplare pflanzen |
| Salix caprea | Salweide | März | vorzugsweise männliche Exemplare pflanzen |
| Salix alba ›Chermesina‹ | | April | vorzugsweise männliche Exemplare pflanzen |
| Salix cinerea | Grauweide | April | vorzugsweise männliche Exemplare pflanzen |
| Salix daphnoides | Reifweide | März | vorzugsweise männliche Exemplare pflanzen |
| Salix smithiana | | März | vorzugsweise männliche Exemplare pflanzen |

## Kletterpflanzen

| | | | |
|---|---|---|---|
| Bryonia dioica | Zaunrübe | Juni–August | |
| Hedera helix | Efeu | Sept.–Oktober | |
| Parthenocissus tricuspidata | Wilder Wein | Juli | |

## Stauden

| | | | |
|---|---|---|---|
| Agastache foeniculum | | | |
| Anchusa spec. | Ochsenzunge | | |
| Arabis caucasica | Gänsekresse | | |
| Arabis procurrens | | | |
| Armeria spec. | Grasnelke | | |
| Asclepias spec. | Seidenpflanze | | |
| Aster spec. | | | |
| Aubrietia spec. | | | |
| Brunnera macrophylla (= Anchusa myosotidiflora) | Ochsenzunge | | |
| Campanula spec. | Glockenblume | | |
| Centaurea spec. | Flockenblume, Kornblume | | |
| Chamaenerion angustifolium | Feuerkraut | | |
| Cimicifuga spec. | Wanzenkraut | | |
| Coronilla varia | Bunte Kronwicke | | |
| Echinops spec. | Kugeldistel | | |
| Edrajanthus spec. | | | |
| Erigeron spec. | Feinstrahl | | |
| Eryngium spec. | Stranddistel | | |

| Lateinischer Name | Deutscher Name | Blütezeit | Bemerkungen |
|---|---|---|---|
| Geranium (*nicht* Pelargonium) spec. | Storchschnabel | | |
| Helenium spec. | | | |
| Hyssopus officinalis | Ysop | | |
| Liatris spec. | | | |
| Ligularia dentata | | | |
| Ligularia przewalskii | | | |
| Limonium (= Statice) | Widerstoß, Strandnelke | | |
| Lythrum hybriden | Weiderich | | |
| Malva spec. | Malve | | |
| Marrubium spec. | Andorn | | |
| Melissa officinalis | Melisse | | |
| Mentha spec. | Minze | | |
| Nepeta spec. | Katzenminze | | |
| Origanum vulgare | Dost | | |
| Phyteuma spec. | Rapunzel | | |
| Platicodon grandiflorum ›Mariesii‹ | | | |
| Polemonium spec. | Himmelsleiter | | |
| Ruta graveolens | Weinraute | | |
| Salvia spec. | Salbei | | |
| Satureja spec. | Bohnenkraut | | |
| Sedum spec. | Fetthenne | | |
| Sempervivum spec. | Hauswurz | | |
| Sidalcea spec. | | | |
| Solidago spec. | Goldrute | | |
| Solidaster spec. | | | |
| Thymus spec. | Thymian | | |
| Veronica spec. | Ehrenpreis | | |

## Zweijährige Pflanzen

| Lateinischer Name | Deutscher Name | Blütezeit | Bemerkungen |
|---|---|---|---|
| Althaea spec. | Stockrose | | nur einblütige |
| Angelica archangelica | Engelwurz | | |
| Carum carvi | Kümmel | | |
| Cheiranthus spec. | (Gold-)Lack | | |
| Cynara scolymus | Gartendistel | | |
| Dipsacus sativum | Karde | | |
| Erysimum perovskianum | Schöterich | | |
| Foeniculum vulgare | Fenchel | | oft auch ausdauernd |
| Heracleum mantegazzianum | Bärenklau | | |
| Hesperis matronalis | Nachtviole | | |
| Lunaria annua | Silberblatt | | |
| Melilotus spec. | Steinklee | | |
| Salvia turkestanica | | | |

| Lateinischer Name | Deutscher Name | Blütezeit | Bemerkungen |

## Einjährige Saatblumen

| | | | |
|---|---|---|---|
| Anchusa capensis | Ochsenzunge | | |
| Anethum graveolens | Dill | | |
| Borrago officinalis | Borretsch | | |
| Callistephus chinensis | | | |
| Centaurea cyanus fl. pl. | Kornblume | | |
| Coriandrum sativum | Koriander | | |
| Cosmos spec. | | | |
| Cucurbita spec. | z. B. Zierkürbis | | |
| Cynoglossum spec. | Hundszunge | | |
| Echium plantagineum | Natternkopf | | |
| Godetia spec. | | | |
| Helianthus annuus | Sonnenblume | | |
| Impatiens (= Balsamine) | Springkraut | | |
| Lavatera trimestris | Strauchpappel | | |
| Limnanthes douglasii | | | |
| Malope spec. | | | |
| Malva spec. | Malve | | |
| Melilotus albus | Weißer Steinklee | | |
| Ornithopus sativus | Vogelfuß, Serradella | | |
| Phacelia tanacetifolia | Büschelschön | | |
| Reseda spec. | | | |
| Salvia horminum | Drachenmaul | | |
| Tagetes spec. | Studentenblume | | |
| Xeranthemum annuum | Spreublume | | |

## Zwiebel- und Knollengewächse

| | | | |
|---|---|---|---|
| Allium spec. | Lauch | | |
| Chionodoxa spec. | Schneestolz | | |
| Colchicum spec. | Herbstzeitlose | | |
| Crocus spec. | Krokus | | auch im Herbst blühende |
| (Mignon) Dahlia | Dahlie | | nur einblütige |
| Fritillaria meleagris | Schachblume | | |
| Galanthus spec. | Schneeglöckchen | | |
| Hyacinthus spec. | | | |
| Leucojum spec. | Knotenblume, Märzbecher | | |
| Muscari spec. | Traubenhyazinthe | | |
| Puschkinia spec. | | | |
| Scilla spec. | Blaustern | | |

## Ackerbau- und Gartengewächse

| | | | |
|---|---|---|---|
| Anethum graveolens | Dill | | |
| Asparagus officinalis | Spargel | | |

| Lateinischer Name | Deutscher Name | Blütezeit | Bemerkungen |
|---|---|---|---|
| Borrago officinalis | Borretsch | | z. B. Sommerrübensaat |
| Brassica spec. | Kohl | | Saatkohl |
| Camelina sativa | Leindotter | | |
| Carum carvi | Kümmel | | zweijährig |
| Cichorium spec. | Endivie | | Saatzucht |
| Cucumis sativus | Gurke | | |
| Cynara scolymus | Artischocke | | zweijährig |
| Daucus carota | Möhre | | Saatzucht |
| Fagopyrum sagittatum | Buchweizen | | |
| Lepidium sativum | Gartenkresse | | Saatzucht |
| Medicago sativa | Luzerne | | |
| Onobrychia vicifolia | Esparsette | | |
| Ornithopus sativa | Vogelfuß, Serradella | | |
| Phaseolus coccineus | Feuerbohne | | |
| Trifolium repens | Weißklee | | |
| Vicia faba | Pferde-, Saubohne | | |

# Literatur

Alle Titel, die mit ● gekennzeichnet sind, geben Hinweise auf eine reichhaltige Auswahl von im Garten benötigtem Pflanzenmaterial.
Der Inhalt der Broschüre *Bloemen en bijen* (»Blumen und Bienen«) wurde, mit Dank an den Herausgeber, J. F. Mommers, vollständig übernommen*.

Alberda, Th. u. a.: De groene aarde. Utrecht (Aula-Boeken) 1966.
Alexander, M.: Introduction to Soil Microbiology. New York (Wiley) 1961.
Ardrey, R.: Der Gesellschaftsvertrag. München (dtv) 1974.
Baker, K. F. u. W. C. Snijder: Ecology of Soilborne Plant Pathogens. Berkeley, Los Angeles (University of California Press) 1970.
Biosfeer en mens, hrsgg. v. Centrum voor Landbouwpublicaties en Landbouwdocumentatie. Wageningen 1970.
Boerner, F.: Bloeiende heesters en bomen voor tuinen en plantsoenen. Bussum (Moussault) 1957.
Bonnemann, A.: Waldbau auf ökologischer Grundlage, begründet von A. Dengler, 4. Aufl., I/II, neubearbeitet von A. Bonnemann u. E. Röhrig. Hamburg, Berlin (Parey) 1971/72.
● Boom, B. K.: Nederlandse dendrologie. Wageningen (Veenman & Zonen) 1965.
● – u. J. D. Ruys: Flora der gekweekte kruidachtige gewassen. Wageningen (Veenman & Zonen) 1950.
Brauns, A.: Praktische Bodenbiologie. Stuttgart (G. Fischer) 1968.
Breburda, J.: Kleines Lehrbuch der Bodenkunde. Frankfurt a. M. (Verlag Deutsche Landwirtschaftsgesellschaft) 1969.
Buckman, H. O. u. N. C. Brady: The Nature and Properties of Soils. London (Macmillan), 6. Aufl., 1960.
Čapek, K.: Das Jahr des Gärtners. Berlin-Schöneberg (Weiss) [1965].
Chauvin, R.: Le monde des insectes. Paris (Hachette) 1967.
Clarke, G. L.: Elements of Ecology. New York, London, Sydney (Wiley) 1967.
● Dörfler, F. u. G. Roselt: Unsere Heilpflanzen. Stuttgart (Franckh), 2. Aufl., 1965.
Dorst, J.: Avant que Nature meure. Neuchâtel (Delachaux) 1970.
Edlin, H. C.: The Living Forest. London (Thames and Hudson) 1958.
Ehrlich, P. R. u. A. M.: Population, Resources, Environment. Issues in Human Ecology. San Francisco (Freeman) 1970.
Eichholtz, F.: Biologische Existenz des Menschen in der Hochzivilisation. Karlsruhe (C. Braun) 1959.
Ellenberg, H.: Vegetation Mitteleuropas mit den Alpen in kausaler, dynamischer und historischer Sicht. Stuttgart (Ulmer) 1963.

Elton, Ch. S.: The Pattern of Animal Communities. London, New York (Methuen) 1966.
Evans, H. E.: Die Insekten. Frankfurt a. M., Hamburg (Fischer Bücherei) [1971].
Eyre, S. R.: Vegetation and Soils. London (Arnold) 1968.
Feucht, O.: Der Wald als Lebensgemeinschaft. Öhringen (Hohenlohische Buchhandlung) 1936.
Firbas, F.: Spät- und nacheiszeitliche Waldgeschichte Mitteleuropas nördlich der Alpen, I/II. Jena (G. Fischer) 1949, 1952.
● Fish, M.: Gardening on Clay and Lime. Newton Abbot (David & Charles) 1970.
Fish, M.: Gardening in the Shade. London (Collingridge) o. J.
Frey-Wyssling, A.: Ernährung und Stoffwechsel der Pflanzen. Zürich (Büchergilde Gutenberg) 1945.
Gimingham, C. H.: Ecology of Heathlands. London (Chapman and Hall) 1973.
Gray, T. R. u. S. T. Williams: Soil Micro-organisms. New York (Hafner) 1971.
● Hana, K.: Tuinbloemenhandboek voor de liefhebber. Brüssel, Amsterdam (Elsevier) 1957.
Hartmann, F.: Forstökologie. Wien (Georg Fromme) 1952.
● Hendriks, W. J.: Onze loofhoutgewassen. Wageningen (Veenman & Zonen) 1957.
Janus, H.: Unsere Schnecken und Muscheln. Stuttgart (Franckh), 4. Aufl., 1973.
Kleyn, H.: Planten en hun naam. Amsterdam (Meulenhoff) 1970.
Kloke, A.: Die Humusstoffe des Bodens als Wachstumsfaktoren. Hamburg (Parey) o. J.
Knapp, R.: Einführung in die Pflanzensoziologie. Stuttgart (Ulmer), 3. Aufl., 1971.
Kühnelt, W.: Grundriß der Ökologie. Jena (G. Fischer) 1970.
LeClercq, W. L.: Bomenspiegel voor de wandelaars. Amsterdam (Kampen) 1962.
Leeuwen, C. G. van u. H. Doing Kraft: Landschap en beplanting in Nederland. Wageningen (Veenman) 1959.
Lieshout, J. W. van: De beworteling van een aantal landbouwgewassen. Verslagen van landbouwkundige onderzoekingen, Deel 62, No. 16. Wageningen (Laboratorium voor landbouwpublicaties en landbouwdocumentatie) 1956 [1957].
Lötschert, W.: Pflanzen an Grenzstandorten. Stuttgart (G. Fischer) 1969.
● Lousley, J. E.: Wild Flowers of Chalk and Limestone. London (Collins) 1969.
Maldague, M. E.: Landwirtschaft und Forstwesen. In: Die Zukunft der Landschaft in Europa, hrsg. v. H. Offner. München (Hanser) 1971.
Mességué, M.: Von Menschen und Pflanzen. Wien, München, Zürich (Molden) [1972].

---

* Siehe Liste der Honig liefernden Pflanzen.

- Mommers, J. F.: Bloemen en bijen. Tilburg (Vereniging bijenhouders) o. J.

Neal, E.: Woodland Ecology. London (Heinemann) 1953.
Nichols, J. B.: Down the Garden Path. London (J. Cape) 1932.
Nultsch, W.: Allgemeine Botanik. Stuttgart (Thieme), 2. Aufl., 1965.

Oberdorfer, E.: Pflanzensoziologische Exkursionsflora für Süddeutschland und die angrenzenden Gebiete. Stuttgart (Ulmer), 2. Aufl., 1962.
Odum, E. P.: Fundamentals of Ecology. Philadelphia (Saunders), 3. Aufl., 1971.
Odum, H. P.: Environment, Power, and Society. New York (Wiley) 1971.
Oosting, H. J.: The Study of Plant Communities. San Francisco, London (Freeman), 2. Aufl., 1956.
Osborn, F.: Unsere ausgeplünderte Erde. Zürich (Pan Verlag) [1950].

Pfeiffer, E.: Die Fruchtbarkeit der Erde. Basel (Zbinden u. Hügin) 1938.
Phillipson, J., Hrsg.: Methods of Study in Soil Ecology. Proceedings of the Paris Symposium organized by UNESCO and the International Biological Programme, 1967. Paris 1970.
- Polunin, O.: Flowers of Europe. London 1969.

Ragon, M.: Les Erreurs monumentales. Paris (Hachette) 1971.
Reid, K.: Man, Nature, and Ecology. London (Aldus) 1969.
Rubner, K. u. F. Reinhold: Das natürliche Waldbild Europas. Hamburg, Berlin (Parey) 1953.
- Runge, F.: Die Pflanzengesellschaften Deutschlands. Münster (Aschendorff) [1969].
Russell, E. J.: The Fertility of the Soil. Cambridge Manuals of Science and Literature, 1913.
– : Soil Conditions and Plant Growth. London (Rothamsted Monographs), 4. Aufl., 1921.
- Ruys, M., J. D. u. Th.: Het vaste planten boek. Amsterdam (Moussault) 1950.

Sackville-West, V. M.: The Garden. London 1946.
Sanders, G. A.: Energie op leven en dood. Amsterdam (Wetenschap. Uitg.) 1972.
Scheffer, F. u. P. Schachtschabel: Lehrbuch der Bodenkunde. Stuttgart (Enke) 1946.
Schilling, K.: Lebensgemeinschaften der Gartenpflanzen. Berlin (Landbau) 1951.

Schlichting, E.: Einführung in die Bodenkunde. Hamburg, Berlin (Parey) 1964.
Schmidt, G.: Vegetationsgeographie auf ökologisch-soziologischer Grundlage. Leipzig (Teubner) 1969.
Schwanitz, F.: Die Entstehung der Kulturpflanzen. Heidelberg, Göttingen, Berlin (Springer) 1957.
- Seyffert, W.: Stauden für Natur- und Steingärten. Frankfurt a. M. (Deutsche Landwirtschaftsgesellschaft) o. J.
Simeons, A. T. W.: Man's presumptuous Brain. London (Longmans) 1960.
Slicher van Bath, B. H.: De agrarische geschiedenis van West-Europa (500–1850). Utrecht, Antwerpen (Aula-Boeken) 1960.
Sonn, S. W.: Der Einfluß des Waldes auf die Böden. Jena (G. Fischer) 1960.
Spedding, C. R. W.: Grassland Ecology. Oxford (Clarendon) 1971.
Szent-Györgyi, A.: The Crazy Ape. New York (Philosophical library) 1970.

Toynbee, A. J.: Der Gang der Weltgeschichte. I/II in 4 Bänden. München (dtv) 1970.
Tüxen, R., Hrsg.: Pflanzensoziologie und Landschaftsökologie. Bericht über das 7. Internationale Symposion in Stolzenau, Weser, 1963, der Internationalen Vereinigung für Vegetationskunde. Den Haag 1968.
Tyler, H.: Organic Gardening without Poisons. New York (Van Nostrand Reinhold) [1970].

Uittien, H.: De volksnamen van onze planten. Zutphen (Thieme) 1946.

Verhagen, P.: Het geluk van den tuin. Amsterdam (Breughel) 1948.
Vogt, W.: Road to Survival. New York (Sloane) 1948.

Walter, H.: Die Grundlagen des Pflanzenlebens und ihre Bedeutung für den Menschen. Stuttgart (Ulmer), 4. Aufl., 1962.
– : Grundlagen der Pflanzenverbreitung, I/II. Stuttgart (Ulmer) 1960, 1970.
– : Arealkunde. Stuttgart (Ulmer) 1970.
Wester, D. H.: De toekomst van onze samenleving. Den Haag (Nijhoff) 1952.
Westhoff, V. u. A. J. Den Held: Plantengemeenschappen in Nederland. Zutphen (Thieme) 1969.
Wilde, S. A.: Forstliche Bodenkunde. Hamburg, Berlin (Parey) 1962.
- Wyman, D.: Ground Cover Plants. New York (Macmillan) 1970.

## Zitierte Autoren

Th. A. M. van Keulen, Leiter der Abteilung Landschaftsarchitektur der Bodengesellschaft.
W. J. A. Snelder, Garten- und Landschaftsarchitekt BNT.
W. Koerse, Philosoph.
J. T. de Smidt, Pflanzensystematiker, Universität Utrecht.
L. Wyers, Direktor der Abteilung Stadtgebiete des Reichsplanologischen Dienstes.
W. C. J. Boer, Garten- und Landschaftsarchitekt BNT.
Hedy de Boer-d'Ancona, Sozialgeographin, Universität Amsterdam.
J. A. Mathijsen, Arzt u. Psychotherapeut.
J. Kassies, Direktor der Schauspielschule Amsterdam.